JN036273

英検 ランク順 RANK

英検®準2級
英単語
1550

単語＋熟語・会話表現

Gakken

はじめに

　本書は英検準2級の合格やスコアアップを目指す皆さんが，英単語＆熟語を効率的に覚えられるように編まれたものです。最新の過去問20回超のデータベースの分析を基に，編集部で検討を重ね，英検に出題される可能性の高い単語・熟語1550をまとめました。

①最新過去問コーパスを基に「出る」表現を厳選！

　最新の20回超分の過去問分析から作成した頻度表を基に，英検によく出題されている英単語を「ランク順」に掲載しました。熟語については頻出の約400語を厳選した上で，覚えやすいように「型」や「カテゴリー」ごとに分類し掲載しました。また，会話問題やリスニング，二次試験を攻略する上で核となる会話表現も100掲載しました。

②全ての見出し語に「出る」＆「使える」用例付き！

　一つ一つの見出し語がどのように使われるかが分かるように，全ての見出し語に用例を付けました。用例のフレーズや例文は，英検過去問データベースだけでなく，10年超分の国公立・私立大学の大学入試問題のデータベースも参照し，最頻出のものを厳選しました。全ての用例はネイティブスピーカーによる検証を経て，覚えやすさを追求して作成されており，覚えておけば英検の試験だけでなく，大学入試，日常会話でも役立つものばかりです。

③アプリ＆ダウンロード音声など学習ツールも充実！

　1550もの単語＆熟語は，本書を単に読んだだけでは覚え切れるものではありません。皆さんの学習をサポートすべく，本書に対応したアプリとダウンロード音声を無料でご用意しています。本書とアプリ，音声を存分に活用して，使える単語＆熟語をしっかり身に付けてください。

　本書で単語＆熟語を学習した皆さんが，英検合格や目標スコアの達成をされることを心よりお祈りしています。

　最後に，本書の刊行に当たり，英検データベース構築，データ監修など多大なご協力をいただきました，Lago言語研究所の赤瀬川史朗先生に深く感謝の意を表します。

2018年3月
学研編集部

CONTENTS

ランク順 英検準2級英単語1550

〈 単語編 〉

🏆 RANK A

必ずおさえておくべき重要単語

🏆 RANK B

おさえておきたい重要単語

🏆 RANK C

ここで差がつく重要単語

〈 熟語編 〉

必ずおさえておくべき動詞句

必ずおさえておくべきその他の熟語

〈 会話編 〉

必ずおさえておくべき会話表現

本書の特長

本書は，最新の過去問 20 回超のデータベースの分析を基に，英検準2 級でよく出題される単語を「ランク順」に掲載しています。訳語や用例も，英検準2 級で出題されたものを厳選して掲載しているので，英検準2 級に必要な単語を効率的に覚えられます。また，熟語については，頻出の約 400 語を厳選し，「型」や「カテゴリー」ごとに分類することで効率的に学べるようになっています。

見出し語は英検に出る「ランク順」に掲載！

見出し語は，最頻出のものから「ランク順」に掲載しているので，本当に必要なものから効率よく学ぶことができます。

訳語は英検に出るものを厳選！

訳語は，英検で最頻出のものを厳選して掲載しているので，英検で問われる意味を確実に覚えることができます。

頻出の例文を，覚えやすい形で掲載！

用例は，英検や大学入試問題のデータベースから最頻出のものを厳選し，覚えやすさを追求して作成しました。

◀)) TRACK 001

RANK A 必ずおさえておくべき重要単語
英検準2級動詞

☑ **hope** 0001 ホウプ / houp /	動 を願う ※ 形 **hopeful** (望みを抱いた) 例 I **hope** you like it. (それを気に入ってくれるといいのですが。)
☑ **decide** 0002 ディサイド / disáid /	動 を決心する ※ 名 **decision** (決定) 例 **decide** to go hiking (ハイキングに行くことに決める)
☑ **cancel** 0003 キャンセル / kǽnsal /	動 を取り消す ※ 名 **cancellation** (取り消し) 例 **cancel** a trip (旅行を取り消す)
☑ **allow** 0004 アラウ / aláu /　　発音	動 を許す ※ 名 **allowance** (小づかい) 例 **allow** employees to use e-mail (従業員がメールを使用することを許可する)
☑ **fix** 0005 フィクス / fiks /	動 を修理する 例 **fix** a cell phone (携帯電話を修理する)
☑ **recommend** 0006 レコメンド / rèkaménd /	動 を推薦する ※ 名 **recommendation** (推薦) 例 **recommend** a good restaurant (良いレストランを薦める)
☑ **repair** 0007 リペア / ripéar /	動 を修理する 例 **repair** a computer (コンピューターを修理する)
☑ **bake** 0008 ベイク / beik /	動 を(オーブンなどで)焼く ※ 名 **baker** (パンを焼く人) 例 **bake** a cake (ケーキを焼く)

28

4

音声&アプリを無料で用意！

「見出し語」「訳」「例文」を収録した音声（MP3DL と
音声再生アプリ対応）と，本書に掲載している単語をク
イズ形式で確認できる Web アプリを無料でご利用いた
だけます。スマートフォンなどを使って，いつでもどこ
でも学習が可能です。（詳しい情報は → 7 ページ）

巻頭に「トピック別に覚える重要表現」！

巻頭には，英検でよく出題されるトピックに関する重要表現を掲載しています。イラストと共に整理して覚えることで，読解はもちろん，ライティングやスピーキングにも役立つ幅広い単語力が身に付きます。

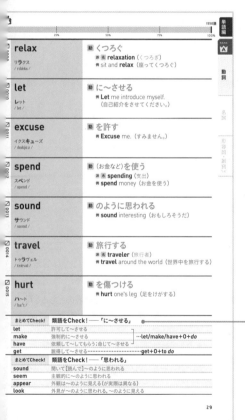

「まとめてCheck！」で単語力を拡張！

「まとめて Check！」では，類語や反意語などの情報をまとめて紹介しています。単語力の拡張に役立てましょう。

👑 この本の記号と表記

品詞や派生語などの記号

動 ……動詞

名 ……名詞

形 ……形容詞

副 ……副詞

前 ……前置詞

接 ……接続詞

派 …… 派生語

例 …… 用例

●発音 …… 発音に注意を要する語

🎤アク …… アクセントに注意を要する語

語句表示

[　　] ……言い換え可能

(　　) ……省略可能・補足説明

do ……原形動詞

to *do* ……不定詞

*do*ing ……動名詞・現在分詞

one ……文の主語と同じ人を表す

a person ……文の主語とは違う人を表す

動詞句の見出し表記

〈他動詞＋副詞〉型の動詞句は，「bring down」のように，目的語の位置を「〜」で示さない形で掲載しています。以下のように，目的語が名詞の場合と代名詞の場合で語順が違うので注意しましょう。

1 目的語が名詞の場合：〈動詞＋副詞＋名詞〉〈動詞＋名詞＋副詞〉のどちらも可

2 目的語が代名詞の場合：〈動詞＋代名詞＋副詞〉の語順になる

発音記号

発音記号は原則として『アンカーコズミカ英和辞典』（学研）に準拠しています。

WEBアプリ・音声について

本書に掲載している単語・熟語をクイズ形式で確認できる WEB アプリと，単語・熟語と会話表現すべての「見出し語」とその「訳」，「例文」を収録した音声を無料でご利用いただけます。

WEBアプリのご利用方法

スマートフォンで LINE アプリを開き，「学研ランク順」を友だち追加いただくことで，クイズ形式で単語・熟語が復習できる WEB アプリをご利用いただけます。

↓LINE友だち追加はこちらから↓

※クイズのご利用は無料ですが，通信料はお客様の
　ご負担になります。
※ご提供は予告なく終了することがございます。

学研ランク順 🔍検索

音声のご利用方法

読者のみなさんのスタイルに合わせて，音声は次の 2 通りの方法でご利用いただけます。

①アプリで聞く

音声再生アプリ「my-oto-mo（マイオトモ）」に対応しています。下記の二次元コードか URL にスマートフォンやタブレットでアクセスいただき，ダウンロードしてください。

https://gakken-ep.jp/extra/myotomo/
※アプリの利用は無料ですが，通信料はお客様の
　ご負担になります。
※パソコンからはご利用になれません。

②パソコンにダウンロードして聞く

下記の URL のページ下部のタイトル一覧から，「英検ランク順英検準 2 級英単語 1550」を選択すると，MP3 音声ファイルをダウンロードいただけます。

https://gakken-ep.jp/extra/myotomo/

※お客様のネット環境およびスマートフォン，タブレットによりアプリをご利用いただけない場合や，お客様のパソコン環境により音声をダウンロード，再生できない場合，当社は責任を負いかねます。また，アプリ，音声のご提供は予告なく終了することがございます。ご理解，ご了承をいただきますよう，お願い申し上げます。

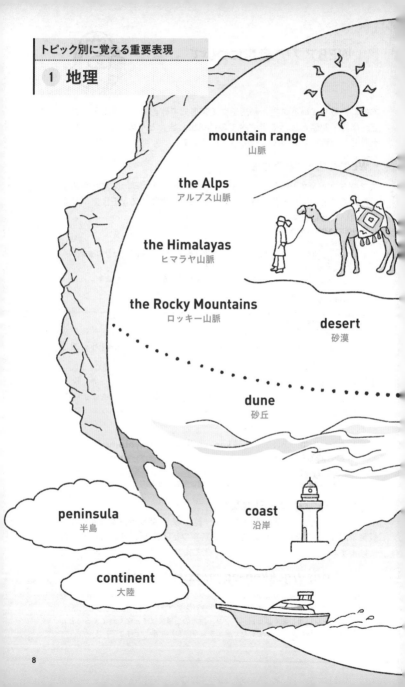

1 地理

mountain range
山脈

the Alps
アルプス山脈

the Himalayas
ヒマラヤ山脈

the Rocky Mountains
ロッキー山脈

desert
砂漠

dune
砂丘

peninsula
半島

coast
沿岸

continent
大陸

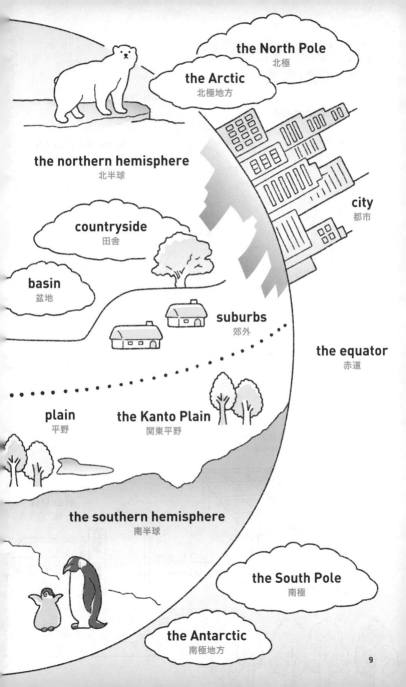

the North Pole
北極

the Arctic
北極地方

the northern hemisphere
北半球

city
都市

countryside
田舎

basin
盆地

suburbs
郊外

the equator
赤道

plain
平野

the Kanto Plain
関東平野

the southern hemisphere
南半球

the South Pole
南極

the Antarctic
南極地方

2 環境・気象

the environment
環境

protect ~
~を保護する

global warming
地球温暖化

greenhouse gas
温室効果ガス

carbon dioxide
二酸化炭素

methane
メタン

reduce ~
~を減らす

renewable energy
再生可能エネルギー

solar power
太陽光発電

wind power
風力発電

electric car
電気自動車

LED lamp
LED照明

eco-friendly
環境にやさしい

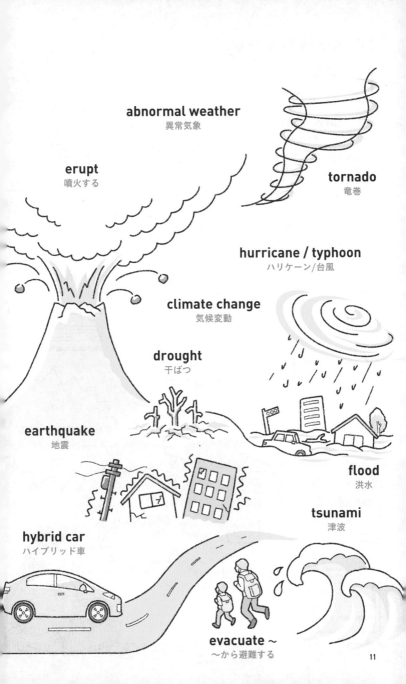

abnormal weather
異常気象

erupt
噴火する

tornado
竜巻

hurricane / typhoon
ハリケーン/台風

climate change
気候変動

drought
干ばつ

earthquake
地震

flood
洪水

tsunami
津波

hybrid car
ハイブリッド車

evacuate ~
～から避難する

3 通信

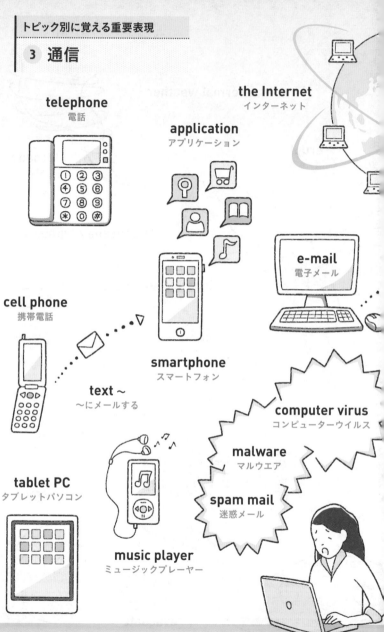

telephone
電話

the Internet
インターネット

application
アプリケーション

e-mail
電子メール

cell phone
携帯電話

smartphone
スマートフォン

text ～
～にメールする

computer virus
コンピューターウイルス

malware
マルウエア

spam mail
迷惑メール

tablet PC
タブレットパソコン

music player
ミュージックプレーヤー

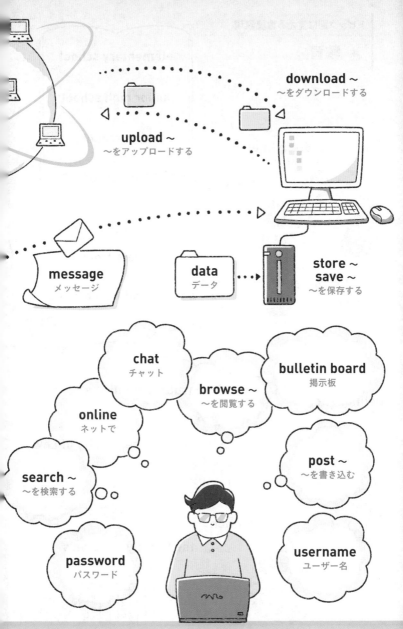

download ～
～をダウンロードする

upload ～
～をアップロードする

message
メッセージ

data
データ

store ～
save ～
～を保存する

chat
チャット

bulletin board
掲示板

browse ～
～を閲覧する

online
ネットで

post ～
～を書き込む

search ～
～を検索する

password
パスワード

username
ユーザー名

13

4 教育

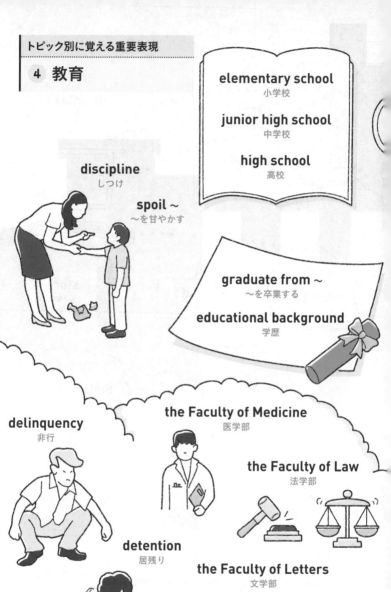

elementary school
小学校

junior high school
中学校

high school
高校

discipline
しつけ

spoil ~
～を甘やかす

graduate from ~
～を卒業する

educational background
学歴

delinquency
非行

the Faculty of Medicine
医学部

the Faculty of Law
法学部

detention
居残り

the Faculty of Letters
文学部

compulsory education
義務教育

university / college
大学

graduate school
大学院

call the roll
出欠を取る

lecture
講義

class
授業

freshman
大学1年生

sophomore
大学2年生

junior
大学3年生

senior
大学4年生

subjects
科目

national language
国語

math
数学

science
理科

social studies
社会

art
美術

music
音楽

P.E.
体育

5 社会問題

social problems
社会問題

aging population
高齢化

regular employee
正社員

full-time job
常勤の仕事

steady income
定収入

temporary employee
派遣社員

part-time job
アルバイト

bullying
いじめ

lose one's job
失業する

nursing care
介護

care worker
介護福祉士

care for ~
~を介護する

the child population
年少人口（0～14歳）

the aged population
老年人口（65歳以上）

pension
年金

the productive-age population
生産年齢人口（15～64歳）

bedridden
寝たきりの

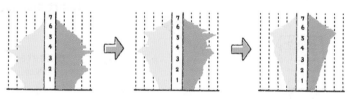

aging society
高齢化社会

aged society
高齢社会

super-aged society
超高齢社会

fraud
詐欺

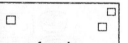

be cheated out of ~
~をだまし取られる

6 健康

health
健康

disease
病気

cold
風邪

influenza / flu
インフルエンザ

asthma
ぜんそく

epidemic
病気の流行

pneumonia
肺炎

injection
注射

medicine
薬

heart disease
心臓病

diabetes
糖尿病

exercise
運動

diet
規定食

lack of sleep
睡眠不足

a good night's sleep
十分な睡眠

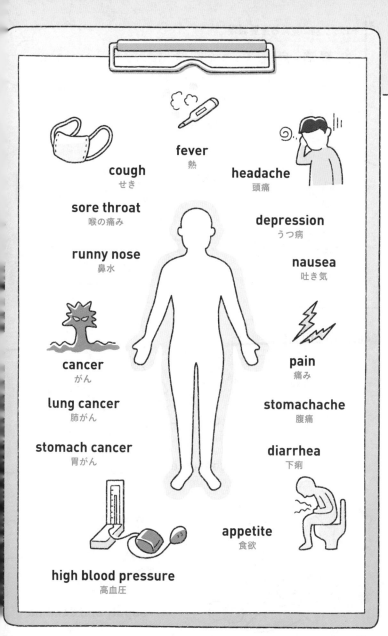

cough
せき

fever
熱

headache
頭痛

sore throat
喉の痛み

depression
うつ病

runny nose
鼻水

nausea
吐き気

cancer
がん

pain
痛み

lung cancer
肺がん

stomachache
腹痛

stomach cancer
胃がん

diarrhea
下痢

appetite
食欲

high blood pressure
高血圧

7 経済・金融

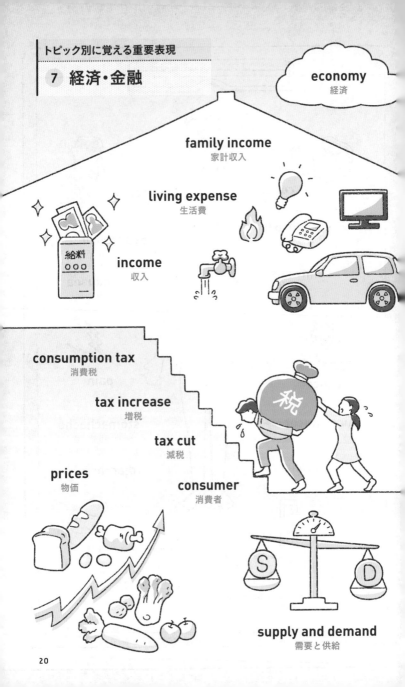

economy
経済

family income
家計収入

living expense
生活費

income
収入

給料
000

consumption tax
消費税

tax increase
増税

tax cut
減税

税

prices
物価

consumer
消費者

supply and demand
需要と供給

S D

boom
好景気

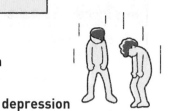

depression
不景気

inflation
インフレーション

deflation
デフレーション

put ～ in a bank
銀行に(お金)を預け入れる

take ～ out of a bank
銀行から(お金)を下ろす

bank account
銀行口座

debt
借金

start a business
起業する

interest
利子

run a company
会社を経営する

profit
利益

employment
雇用

get fired
首になる

the stock market
株式市場

go bankrupt
倒産する

invest ～
～を投資する

stock price
株価

8 生活・文化

food, clothing and shelter
衣食住

clothes
衣服

fashion
流行
（服装・髪型などの）

eating habits
食習慣

meal
食事

breakfast
朝食

vegetarian
菜食主義者

brunch
ブランチ

lunch
昼食

supper
夕食

dinner
正さん

vegan
完全菜食主義者

house
家

housework
家事

wash
洗濯

cooking
料理

laundry
洗濯物

World Heritage (Site)
世界遺産（登録地）

culture
文化

folklore
民間伝承

tradition
伝統

custom
慣習

superstition
迷信

nnual event
年間行事

one's first visit to a temple / shrine
初詣

Thanksgiving Day
感謝祭

Christmas
クリスマス

Halloween
ハロウィーン

23

9 政治・国際関係

the Diet
国会

politics
政治

administration
政権

human rights
人権

bureaucrat
官僚

politician
政治家

(the) law
法律

election
選挙

the Constitution (of Japan)
日本国憲法

candidate
立候補者

run
立候補する

○△□ 党

Article 9
第9条

elector / electorate
有権者

the right to vote / suffrage
投票権

投票箱

vote for ~
～に賛成票を投じる

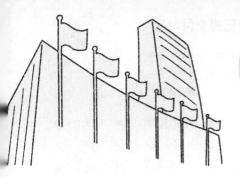

the United Nations / the U.N.
国連

world peace
世界平和

ambassador
大使

diplomat
外交官

diplomatic relations
国交

refugee
難民

developed country
先進国

developing country
発展途上国

border
国境

nuclear weapon
核兵器

terrorism
テロ行為

landmine
地雷

economic sanctions
経済制裁

この章の学習記録を付ける

覚えたことを定着させるには,「繰り返し復習すること」が大切です。
「トピック別に覚える重要表現」の学習を一通り終えたら,下の学習記録シートに日付を書き込み,履歴を残しましょう。

1	2	3	4	5	6	7	8	9	10
/	/	/	/	/	/	/	/	/	/
11	12	13	14	15	16	17	18	19	20
/	/	/	/	/	/	/	/	/	/
21	22	23	24	25	26	27	28	29	30
/	/	/	/	/	/	/	/	/	/
31	32	33	34	35	36	37	38	39	40
/	/	/	/	/	/	/	/	/	/
41	42	43	44	45	46	47	48	49	50
/	/	/	/	/	/	/	/	/	/

MEMO

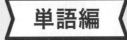

単語編

RANK

必ずおさえておくべき重要単語

RANK A で掲載されているのは英検準2級を受検するにあたって、必ずおさえておくべき重要単語です。掲載されている単語は文法・読解・英作文など、あらゆる領域で必須の語彙ばかりです。確実に覚えて、使いこなせるようにしましょう。

RANK A 必ずおさえておくべき重要単語

英検準2級動詞

☑ 0001

hope

ホウプ
/ hoʊp /

動 を願う
派 形 **hopeful**（望みを抱いた）
例 I **hope** you like it.
（それを気に入ってくれるといいのですが。）

☑ 0002

decide

ディサイド
/ dɪsáɪd /

動 を決心する
派 名 **decision**（決定）
例 **decide** to go hiking
（ハイキングに行くことに決める）

☑ 0003

cancel

キャンセル
/ kǽnsəl /

動 を取り消す
派 名 **cancellation**（取り消し）
例 **cancel** a trip（旅行を取り消す）

☑ 0004

allow

アラウ
/ əláʊ /　　●発音

動 を許す
派 名 **allowance**（小づかい）
例 **allow** employees to use e-mail
（従業員がメールを使用することを許可する）

☑ 0005

fix

フィクス
/ fɪks /

動 を修理する
例 **fix** a cell phone（携帯電話を修理する）

☑ 0006

recommend

レコメンド
/ rèkəménd /

動 を推薦する
派 名 **recommendation**（推薦）
例 **recommend** a good restaurant
（良いレストランを薦める）

☑ 0007

repair

リペア
/ rɪpéəʳ /

動 を修理する
例 **repair** a computer
（コンピューターを修理する）

☑ 0008

bake

ベイク
/ beɪk /

動 を（オーブンなどで）焼く
派 名 **baker**（パンを焼く人）
例 **bake** a cake（ケーキを焼く）

☑ 0009	**relax** リラクス / rɪlǽks /	動 **くつろぐ** 派 名 **relaxation**（くつろぎ） 例 sit and **relax**（座ってくつろぐ）
☑ 0010	**let** レット / let /	動 **に〜させる** 例 **Let** me introduce myself. （自己紹介をさせてください。）
☑ 0011	**excuse** イクス**キュー**ズ / ɪkskjúːz /	動 **を許す** 例 **Excuse** me.（すみません。）
☑ 0012	**spend** スペンド / spend /	動 **（お金など）を使う** 派 名 **spending**（支出） 例 **spend** money（お金を使う）
☑ 0013	**sound** サウンド / saʊnd /	動 **のように思われる** 例 **sound** interesting（おもしろそうだ）
☑ 0014	**travel** トゥラヴェル / trǽvəl /	動 **旅行する** 派 名 **traveler**（旅行者） 例 **travel** around the world（世界中を旅行する）
☑ 0015	**hurt** ハ〜ト / hɑːᵗt /	動 **を傷つける** 例 **hurt** one's leg（足をけがする）

まとめてCheck!	類語をCheck！——「に〜させる」	
let	許可して〜させる	┐
make	強制的に〜させる	…let/make/have＋O＋*do*
have	依頼して〜してもらう；命じて〜させる	┘
get	説得して〜させる…………………………get＋O＋to *do*

まとめてCheck!	類語をCheck！——「思われる」
sound	聞いて［読んで］〜のように思われる
seem	主観的に〜のように思われる
appear	外観は〜のように見える（が実際は異なる）
look	外見が〜のように思われる、〜のように見える

☑ 0016	**borrow** ボーロウ / bɔ́ːroʊ /	動 **を借りる** 例 **borrow** a book（本を借りる）
☑ 0017	**cost** コースト / kɔːst /	動 **（金額・お金）がかかる** 派 形 **costly**（高価な） 例 **cost** \$10（10ドルかかる）
☑ 0018	**arrive** アライヴ / əráɪv /	動 **到着する** 派 名 **arrival**（到着） 例 **arrive** at a store（店に到着する）
☑ 0019	**order** オーダァ / ɔ́ːrdər /	動 **を注文する** 例 **order** a sandwich（サンドイッチを注文する）
☑ 0020	**miss** ミス / mɪs /	動 **に乗り遅れる** 例 **miss** a train（列車に乗り遅れる）
☑ 0021	**seem** スィーム / siːm /	動 **のように思われる** 例 **seem** to be sick（具合が悪そうだ）
☑ 0022	**invite** インヴァイト / ɪnváɪt /	動 **を招待する** 派 名 **invitation**（招待） 例 **invite** Jim to a party （ジムをパーティーに招待する）
☑ 0023	**create** クリエイト / kriéɪt /	動 **を生み出す** 派 名 **creation**（創造） 例 **create** a job（仕事を生み出す）
☑ 0024	**share** シェア / ʃeər /	動 **を共有する** 例 **share** a room（部屋を共有する）

☑ 0025	**introduce** イントゥロ**デュース** / ìntrədjúːs /	動 を紹介する 派 名 **introduction**（導入） 例 **introduce** Jane to Tom （トムにジェーンを紹介する）
☑ 0026	**explain** イクス**プレイン** / ıkspléın /	動 を説明する 派 名 **explanation**（説明） 例 **explain** things well（物事をうまく説明する）
☑ 0027	**prepare** プリ**ペア** / prıpéəʳ /	動 準備する 派 名 **preparation**（準備） 例 **prepare** for a trip（旅行の準備をする）
☑ 0028	**serve** サ〜ヴ / səːʳv /	動 （食べ物など）を出す 派 名 **service**（接客） 例 **serve** a meal（食事を出す）
☑ 0029	**wonder** ワンダァ / wʌ́ndəʳ /	動 だろうかと思う 派 形 **wonderful**（素晴らしい） 例 I **wonder** if I could see Meg. （メグに会えるかしらと思う。）
☑ 0030	**protect** プロ**テクト** / prətékt /	動 を保護する 派 名 **protection**（保護） 例 **protect** the environment（環境を保護する）
☑ 0031	**train** トゥ**レイン** / treın /	動 を訓練する 派 名 **training**（訓練） 例 **train** a dog（犬を訓練する）
☑ 0032	**continue** コン**ティニュー** / kəntínjuː /	動 を続ける 例 **continue** to talk（話し続ける）

まとめてCheck!	類語をCheck！――「借りる」
borrow	無料で物を借りる，無利子でお金を借りる
use	無料でトイレ・電話・ペンなどを使わせてもらう
rent	有料で車・家・部屋などを借りる
lease	有料で建物・土地・機械などを借りる

☑ 0033	**follow** ファロウ / fάːlou /	動 に従う 派 形 **following** (次の) 例 **follow** a doctor's advice (医者の助言に従う)
☑ 0034	**develop** ディヴェロプ / dɪvéləp /	動 を開発する 派 名 **development** (開発) 例 **develop** a special system (特別なシステムを開発する)
☑ 0035	**improve** インプルーヴ / imprúːv /	動 を改善する 派 名 **improvement** (改善) 例 **improve** one's speaking skills (話す技術を改善する)
☑ 0036	**notice** ノウティス / nóuţəs /	動 に気が付く 例 **notice** that there is a lot of garbage on the street (通りにたくさんのごみがあることに気付く)
☑ 0037	**taste** テイスト / teɪst /	動 な味がする 名 味 例 a fruit that **tastes** good (良い味のする果物)
☑ 0038	**fill** フィル / fɪl /	動 を満たす 例 **fill** a bucket with hot water (バケツにお湯を満たす)
☑ 0039	**collect** コレクト / kəlékt /	動 を集める 派 名 **collection** (収集) 例 be interested in **collecting** dolls (人形を集めることに関心がある)
☑ 0040	**park** パーク / pɑːˈk /	動 を駐車する 派 名 **parking** (駐車) 例 find a place to **park** one's car (駐車する場所を見つける)
☑ 0041	**realize** リーアライズ / ríːəlaɪz /	動 を悟る 派 名 **realization** (悟ること) 例 **realize** one's mistake (自分の間違いに気付く)

0042 receive
リスィーヴ
/ rɪsíːv /

動 を受け取る
派 名 **receipt** (受領書)
例 **receive** money from a customer
（客から金を受け取る）

0043 throw
スロウ
/ θroʊ /

動 を投げる
例 **throw** a ball to a batter
（バッターにボールを投げる）

0044 discover
ディスカヴァ
/ dɪskʌ́vəʳ /

動 を発見する
派 名 **discovery** (発見)
例 **discover** a rare animal on the island
（その島で珍しい動物を発見する）

0045 draw
ドゥロー
/ drɔː /

動 を描く
派 名 **drawing** (絵)
例 like to **draw** pictures （絵を描くのが好きだ）

0046 expect
イクスペクト
/ ɪkspékt /

動 を予期する
派 名 **expectation** (予想)
例 be colder than I **expected**
（私が思っていたよりも寒い）

0047 plant
プラント
/ plænt /

動 を植える
派 名 **plantation** (大農園)
例 **plant** flowers in the garden（庭に花を植える）

0048 solve
サルヴ
/ sɑːlv /

動 を解く
派 名 **solution** (解決(策))
例 **solve** a problem （問題を解く）

0049 bear
ベア
/ beəʳ /

動 に耐える
例 **bear** a headache （頭痛に耐える）

まとめてCheck!	類語をCheck！――「描く」
draw	鉛筆・ペン・クレヨンなどで線画を描く
paint	絵の具で絵を描く
write	文字を書く

☑ 0050	**fail** フェイル / feɪl /	動 (試験)に落ちる 派 名 **failure** (落第) 例 **fail** a math test (数学の試験に落ちる)
☑ 0051	**wake** ウェイク / weɪk /	動 目が覚める 派 形 **awake** (目が覚めて) 例 **wake** up early in the morning (朝早く目覚める)
☑ 0052	**last** ラスト / læst /	動 続く 派 形 **lasting** (永続的な) 例 a festival that **lasts** for three days (3日間続く祭り)
☑ 0053	**treat** トゥリート / triːt /	動 を治療する 派 名 **treatment** (治療) 例 **treat** patients in a hospital (病院で患者の治療をする)
☑ 0054	**reduce** リデュース / rɪdjúːs /	動 を減らす 派 名 **reduction** (減少) 例 **reduce** traffic accidents (交通事故を減らす)
☑ 0055	**celebrate** セレブレイト / sélɪbreɪt /	動 を祝う 派 名 **celebration** (祝賀会) 例 **celebrate** a person's birthday (人の誕生日を祝う)
☑ 0056	**climb** クライム / klaɪm /　●発音	動 を登る 例 **climb** a tree to get persimmons (柿を取るために木に登る)
☑ 0057	**appear** アピア / əpíər /	動 現れる 派 名 **appearance** (登場) 例 **appear** on a TV program (テレビ番組に出る)
☑ 0058	**compare** コンペア / kəmpéər /	動 を比較する 派 名 **comparison** (比較) 例 **compare** Bill to his brother (ビルとビルの兄を比較する)

☑ 0599
measure

メジァ
/ méʒəʳ /
●発音

動 **を測る**

派 名 **measurement**（測定）
例 **measure** the distance between planets
（惑星間の距離を測る）

☑ 0600
rest

レスト
/ rest /

動 **休む**

例 **rest** in bed for a while
（しばらくベッドで休む）

☑ 0601
store

ストー(ァ)
/ stɔːʳ /

動 **を蓄える**

派 名 **storage**（貯蔵）
例 **store** food for winter
（冬に備えて食料を蓄える）

☑ 0602
trust

トゥラスト
/ trʌst /

動 **を信用する**

例 **trust** doctors to make the right decision
（医者は正しい決断をすると信じる）

☑ 0603
beat

ビート
/ biːt /

動 **を打ち負かす**

例 **beat** one's opponent（相手を打ち負かす）

☑ 0604
encourage

エンカ～レヂ
/ ɪnkɚːrɪdʒ /

動 **を励ます**

派 名 **encouragement**（激励）
例 **encourage** students to improve their
English（英語を上達させるよう生徒を励ます）

☑ 0605
leave

リーヴ
/ liːv /

動 **を置き忘れる**

例 **leave** one's cell phone at home
（家に携帯電話を置き忘れる）

☑ 0606
pick

ピック
/ pɪk /

動 **を摘む**

例 go to **pick** strawberries（イチゴを摘みに行く）

まとめてCheck!	反意語をCheck！		
fail	⇔ **pass**（合格する）	appear	⇔ **disappear**（消える）
wake	⇔ **sleep**（眠る）	beat	⇔ **lose**（負ける）
reduce	⇔ **increase**（を増やす）	encourage	⇔ **discourage**（を落胆させる）

☑ 0067 **return**
リ**タ**〜ン
/ rɪtə́ːn /

動 を返す
派 形 **returnable**（返却できる）
例 **return** books to the library
（本を図書館に返す）

☑ 0068 **pass**
パス
/ pæs /

動 に合格する
派 名 **passage**（通路）
例 **pass** one's driving test
（運転免許の試験に合格する）

☑ 0069 **design**
ディ**ザ**イン
/ dɪzáɪn /

動 をデザインする
派 名 **designer**（デザイナー）
例 **design** a team's uniforms
（チームのユニフォームをデザインする）

☑ 0070 **drop**
ドゥ**ラ**ップ
/ drɑːp /

動 を落とす
例 **drop** one's ring on the floor
（指輪を床に落とす）

☑ 0071 **exchange**
イクス**チェ**インヂ
/ ɪkstʃéɪndʒ /

動 を交換する
例 **exchange** ideas with one another
（お互いにアイディアを交換する）

☑ 0072 **record**
リ**コ**ード
/ rɪkɔ́ːd /

動 を記録する
派 名 **recording**（録画, 録音）
例 **record** the names of customers
（顧客の名前を記録する）

☑ 0073 **mind**
マインド
/ maɪnd /

動 嫌だと思う
例 if you don't **mind**（よろしければ）

☑ 0074 **shake**
シェイク
/ ʃeɪk /

動 を振り動かす
例 **shake** hands with a person（人と握手する）

☑ 0075 **exercise**
エクササイズ
/ éksəˌsaɪz /

動 運動をする
例 **exercise** at a sports center
（スポーツセンターで運動をする）

☑ 0076 **interview** インタヴュー / ínṭəˈvjuː /	動 にインタビューする 派 名 **interviewer**（インタビュアー） 例 **interview** a famous writer （有名な作家にインタビューする）
☑ 0077 **block** ブラック / blɑːk /	動 (道など)をふさぐ 例 **block** a path（進路をふさぐ）
☑ 0078 **form** フォーム / fɔːˈm /	動 を形成する 派 名 **formation**（形成） 例 **form** a large group（大きな集団を形成する）
☑ 0079 **increase** インクリース / ɪnkríːs /	動 増加する 派 副 **increasingly**（ますます） 例 **increase** in number quickly （数が急速に増える）
☑ 0080 **care** ケア / keəˈ /	動 気に掛ける 派 形 **careful**（注意深い） 例 **care** about manners（マナーを気に掛ける）
☑ 0081 **judge** ヂャッヂ / dʒʌdʒ /	動 の審査をする 派 名 **judgment**（判断, 評価） 例 **judge** a speech contest （弁論大会の審査をする）
☑ 0082 **tie** タイ / taɪ /	動 を結ぶ 例 **tie** a rope to a tree（木にひもを結び付ける）
☑ 0083 **express** イクスプレス / ɪksprés /	動 を表現する 派 名 **expression**（表現） 例 **express** one's opinion about the problem （その問題について意見を述べる）

まとめてCheck!	派生語をPlus！── care
carefully	副 注意深く
careless	形 不注意な
carelessly	副 不注意に

☑ 0084

lay
レイ
/ leɪ /

動 (卵)を産む
例 **lay** eggs in a nest（巣に卵を産む）

☑ 0085

produce
プロデュース
/ prədjúːs /

動 を生産する
派 名 **production**（生産）
例 **produce** electricity cheaply
（安く電気を生み出す）

☑ 0086

respect
リスペクト
/ rɪspékt /

動 を尊敬する
派 形 **respectable**（立派な）
例 **respect** one's parents（両親を尊敬する）

☑ 0087

reach
リーチ
/ riːtʃ /

動 に着く
例 **reach** the airport by bus
（バスで空港に到着する）

☑ 0088

laugh
ラフ
/ læf /

動 (声を出して)笑う
派 名 **laughter**（笑い）
例 make people **laugh**（人々を笑わせる）

☑ 0089

shout
シャウト
/ ʃaʊt /

動 どなる
例 get angry and **shout** at a person
（怒って人をどなりつける）

☑ 0090

graduate
グラヂュエイト
/ grǽdʒueɪt /

動 卒業する
派 名 **graduation**（卒業）
例 **graduate** from high school（高校を卒業する）

☑ 0091

offer
オーファ
/ ɔ́ːfəʳ /

動 を提供する
例 **offer** computer classes for beginners
（入門者用のコンピュータークラスを提供する）

☑ 0092

perform
パフォーム
/ pəʳfɔ́ːʳm /

動 演奏する
派 名 **performance**（演奏）
例 **perform** in a concert（コンサートで演奏する）

0093 quit
クウィット
/ kwɪt /

動 を辞める
例 **quit** one's job（仕事を辞める）

0094 ride
ライド
/ raɪd /

動 に乗る
派 名 **rider**（乗り手）
例 **ride** one's bicycle（自転車に乗る）

0095 rent
レント
/ rent /

動 を賃借する
派 形 **rental**（賃借の）
例 **rent** a car and drive to Kamakura
（車を借りて鎌倉へドライブする）

0096 search
サ〜チ
/ səːˈtʃ /

動 探す
例 **search** for a new job（新しい仕事を探す）

0097 suggest
サグチェスト
/ səgdʒést /

動 を提案する
派 名 **suggestion**（提案）
例 **suggest** a solution to the issue
（その問題に対する解決策を提案する）

0098 steal
スティール
/ stiːl /

動 を（こっそり）盗む
例 **steal** money from a cash register
（レジから金を盗む）

0099 lend
レンド
/ lend /

動 を貸す
例 **lend** one's friend money（友人に金を貸す）

0100 reserve
リザ〜ヴ
/ rɪzə́ːv /

動 を予約する
派 名 **reservation**（予約）
例 **reserve** a hotel room
（ホテルの部屋を予約する）

まとめてCheck!	類語をCheck！——「笑う」
laugh	声を出して笑う
smile	声を出さずに笑う、ほほえむ
giggle	くすくす笑う
sneer	あざ笑う

英検準2級名詞

☑ 0101 **mail**

メイル
/ meil /

名 郵便
例 by express **mail**（速達で）

☑ 0102 **clothes**

クロウ(ズ)ズ
/ klou(ð)z /
●発音

名 衣服
派 名 **cloth**（布地）
例 wear black **clothes**（黒い服を着ている）

☑ 0103 **apartment**

アパートゥメント
/ əpáːˈtmənt /

名 アパート
例 live in an **apartment**（アパートに住んでいる）

☑ 0104 **shopping**

シャピング
/ ʃɑ́ːpɪŋ /

名 買い物
派 動 **shop**（買い物をする）
例 a **shopping** mall（ショッピングモール）

☑ 0105 **honey**

ハニィ
/ hʌ́ni /

名 あなた, おまえ
例 Thanks, **honey**.（ありがとう, あなた。）

☑ 0106 **soap**

ソウプ
/ soup /

名 石けん
例 a bar of **soap**（石けん 1 個）

☑ 0107 **bakery**

ベイカリィ
/ béɪkəri /

名 パン屋
派 動 **bake**（を焼く）
例 buy some bread at a **bakery**
（パン屋でパンを買う）

☑ 0108 **husband**

ハズバンド
/ hʌ́zbənd /

名 夫
例 **husband** and wife（夫婦）

☑ 0109 **customer**

カスタマァ
/ kʌ́stəməʳ /

名 顧客
派 名 **custom**（習慣）
例 serve **customers**（客に応対する）

☑ 0110 **gym**

ヂム
/ dʒɪm /
● 発音

名 ジム
例 exercise at a **gym**（ジムで運動する）

☑ 0111 **boss**

ボース
/ bɔːs /

名 上司
例 ask one's **boss** for some advice
（上司にアドバイスを求める）

☑ 0112 **cell**

セル
/ sel /

名 細胞
例 a brain **cell**（脳細胞）

☑ 0113 **flight**

フライト
/ flaɪt /

名 飛行機の便
派 動 **fly**（飛ぶ）
例 reserve a **flight** to New York
（ニューヨーク行きの便を予約する）

☑ 0114 **novel**

ナヴェル
/ nɑ́ːvəl /

名 小説
派 名 **novelist**（小説家）
例 write a **novel**（小説を書く）

☑ 0115 **tour**

トゥア
/ tʊəʳ /

名 旅行
派 名 **tourist**（旅行者）
例 take a bus **tour**（バス旅行に行く）

☑ 0116 **scientist**

サイエンティスト
/ sáɪəntɪst /

名 科学者
派 名 **science**（科学）
例 **scientists** at the University of Tokyo
（東京大学の科学者たち）

☑ 0117 **environment**

エンヴァイアロンメント
/ ɪnváɪərənmənt /
● 発音

名 環境
派 形 **environmental**（環境の）
例 protect the **environment**（環境を保護する）

☑ 0118	**reservation** レザ**ヴェイ**ション / rèzəˈvèɪʃən /	名 予約 派 動 **reserve** (を予約する) 例 make a **reservation** at a restaurant （レストランを予約する）
☑ 0119	**swimming** ス**ウィ**ミング / swímɪŋ /	名 水泳 派 動 **swim** (泳ぐ) 例 a **swimming** pool（プール）
☑ 0120	**charity** **チャ**リティ / tʃǽrəti /	名 慈善団体 例 support a **charity**（慈善団体を支援する）
☑ 0121	**mall** モール / mɔːl /	名 ショッピングモール 例 go shopping at a **mall** （ショッピングモールに買い物に行く）
☑ 0122	**recipe** **レ**スィピ / résəpi /	名 調理法 例 **recipes** for Japanese food（和食の調理法）
☑ 0123	**wheel** フ**ウィ**ール / hwiːl /	名 車輪 例 a front **wheel**（前輪）
☑ 0124	**package** パケヂ / pǽkɪdʒ /	名 (郵便)小包 派 動 **pack** (を荷造りする) 例 send a **package** to France （小包をフランスへ送る）
☑ 0125	**discount** **ディ**スカウント / dískaʊnt /　🎤アク	名 割引 例 give a person a **discount**（人に割引してやる）
☑ 0126	**result** リ**ザ**ルト / rɪzʌ́lt /	名 (原因に対する)結果 例 as a **result**（結果として）

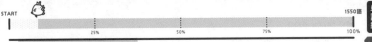
☑ 0127
advice
アドゥ**ヴァ**イス
/ ædváis /
🎤アク

名 助言
派 動 **advise**（に助言する）
例 give a person some **advice**（人に助言する）

☑ 0128
attention
ア**テ**ンション
/ əténʃən /

名 注意, 注目
派 動 **attend**（に出席する）
例 draw **attention** to the problem
（その問題に注目を集める）

☑ 0129
clown
ク**ラ**ウン
/ klaun /
●発音

名 ピエロ
例 enjoy a **clown**'s performance
（ピエロの演技を楽しむ）

☑ 0130
contest
カンテスト
/ kɑ́:ntest /

名 コンテスト
派 名 **contestant**（(コンテストなどの)出場者）
例 take part in a speech **contest**
（スピーチコンテストに参加する）

☑ 0131
disease
ディ**ズィ**ーズ
/ dizí:z /

名 病気
例 prevent a **disease**（病気を予防する）

☑ 0132
tourist
トゥアリスト
/ túərist /

名 観光客
派 名 **tour**（旅行）
例 a **tourist** information center（観光案内所）

☑ 0133
announcement
ア**ナ**ウンスメント
/ ənáunsmənt /

名 発表
派 動 **announce**（を発表する）
例 make an **announcement** about the
ceremony（式典について発表する）

☑ 0134
dessert
ディ**ザ**～ト
/ dizə́ːt /

名 デザート
例 have apple pie for **dessert**
（デザートにアップルパイを食べる）

まとめてCheck!	関連語をCheck! ── disease（病気）		
illness, sickness	病気の状態	cancer	がん
cold	風邪	injury	けが
headache	頭痛	wound	凶器などによる負傷
stomachache	腹痛, 胃痛		

☑ 0135	**downtown** ダウン**タ**ウン / dàuntáon /	名 (町の)**中心部, 商業地区** 例 a bus for **downtown** (中心街行きのバス)
☑ 0136	**fuel** フュー**エ**ル / fjú:əl /	名 **燃料** 例 use fossil **fuel** (化石燃料を使う)
☑ 0137	**shape** シェイプ / ʃeɪp /	名 **健康状態；形状** 派 形 **shapeless** (定形のない) 例 be in **shape** (体調が良い)
☑ 0138	**yard** ヤード / jɑːʳd /	名 (家の周りの)**庭** 例 grow vegetables in the **yard** (庭で野菜を育てる)
☑ 0139	**insect** **イ**ンセクト / ínsekt /	名 **昆虫** 例 an **insect** bite (虫刺され)
☑ 0140	**staff** ス**タ**ッフ / stæf /	名 **職員** 例 the hotel **staff** (ホテルのスタッフ)
☑ 0141	**website** **ウェ**ブサイト / wébsaɪt /	名 **ウェブサイト** 例 information on the **website** (ウェブサイト上の情報)
☑ 0142	**shoe** シュー / ʃuː /	名 **靴** 例 wear leather **shoes** (革靴を履いている)
☑ 0143	**department** ディ**パ**ートゥメント / dɪpáːʳtmənt /	名 **部門, 売り場** 派 動 **depart** (出発する) 例 the toy **department** (おもちゃ売り場)

☑ 0144
factory
ファクトゥリィ
/ fǽktəri /

名 工場
例 a car **factory**（自動車工場）

☑ 0145
organization
オーガニゼイション
/ ɔ̀ːɡənəzéiʃən /

名 組織体, 団体
派 動 **organize**（を組織する）
例 set up an **organization**（団体を設立する）

☑ 0146
luck
ラック
/ lʌk /

名 運, 幸運
派 形 **lucky**（幸運な）
例 Good **luck** in Sunday's game!
（日曜日の試合頑張ってね！）

☑ 0147
tournament
トゥアナメント
/ túəʳnəmənt /

名 選手権大会, トーナメント
例 win a tennis **tournament**
（テニスの選手権大会で優勝する）

☑ 0148
waiter
ウェイタァ
/ wéiṭəʳ /

名 ウエーター, 給仕
派 動 **wait**（給仕する）
例 work as a **waiter**（ウエーターとして働く）

☑ 0149
waitress
ウェイトゥレス
/ wéitrəs /

名 ウエートレス, (女性の)給仕
派 動 **wait**（給仕する）
例 work as a **waitress**（ウエートレスとして働く）

☑ 0150
bit
ビット
/ bit /

名 少量, 少し
例 a **bit** of bread（一かけらのパン）

☑ 0151
island
アイランド
/ áilənd /　　　●発音

名 島
例 visit a small **island**（小さな島を訪れる）

☑ 0152
costume
カストゥーム
/ kάːstuːm /

名 衣装, コスチューム
例 make a **costume** for Halloween
（ハロウィーン用に衣装を作る）

☑ 0153	**court** コート / kɔːˀt /	名 (テニスなどの)**コート** 例 a tennis **court** (テニスコート)
☑ 0154	**neighbor** ネイバァ / néɪbəˀ /	名 隣人, 近所の人 派 名 **neighborhood** (近所) 例 the **neighbor**'s dog (近所の家の犬)
☑ 0155	**direction** ディレクション / dərékʃən /	名 方向 例 run in the opposite **direction** (反対方向へ走る)
☑ 0156	**golf** ガルフ / gɑːlf /	名 ゴルフ 派 名 **golfer** (ゴルフをする人) 例 play **golf** (ゴルフをする)
☑ 0157	**instrument** **イ**ンストゥルメント / ínstrəmənt /	名 楽器 派 形 **instrumental** (楽器の) 例 play a musical **instrument** (楽器を演奏する)
☑ 0158	**product** プラダクト / prɑ́ːdʌkt /	名 製品 派 動 **produce** (を製造する) 例 sell **products** (製品を売る)
☑ 0159	**purpose** パ～パス / pɚ́ˀpəs /	名 目的, 意図 例 on **purpose** (故意に)
☑ 0160	**traffic** トゥ**ラ**フィク / trǽfɪk /	名 交通 例 a **traffic** accident (交通事故)
☑ 0161	**mistake** ミス**テ**イク / mɪstéɪk /	名 間違い, 誤り 派 形 **mistaken** (誤った) 例 make a **mistake** (間違える)

☑ 0162
sightseeing

サイトゥスィーイング
/ sáɪtsìː.ɪŋ /
🎤アク

名 観光
例 go **sightseeing**（観光に行く）

☑ 0163
community

コミューニティ
/ kəmjúːnəṭi /

名 地域社会, コミュニティー
派 形 **common**（共通の）
例 a **community** center
（コミュニティーセンター）

☑ 0164
suit

スート
/ suːt /

名 スーツ
派 形 **suitable**（適した）
例 wear a business **suit**
（ビジネススーツを着ている）

☑ 0165
suitcase

スートゥケイス
/ súːtkeɪs /

名 スーツケース, 旅行かばん
例 carry a **suitcase**（スーツケースを運ぶ）

☑ 0166
wallet

ワレト
/ wɑ́ːlɪt /

名 札入れ, 財布
例 leave one's **wallet** at home
（札入れを家に置き忘れる）

☑ 0167
energy

エナヂィ
/ énɚʴdʒi /

名 活力, 精力
派 形 **energetic**（精力的な）
例 be full of **energy**（元気いっぱいである）

☑ 0168
addition

アディション
/ ədíʃən /

名 追加
派 形 **additional**（追加の）
例 in **addition**.（その上）

☑ 0169
beginner

ビギナァ
/ bɪgínɚʴ /

名 初心者, ビギナー
派 動 **begin**（を始める）
例 a computer class for **beginners**
（初心者向けのコンピューター教室）

☑ 0170
boot

ブート
/ buːt /

名 長靴, ブーツ
例 ski **boots**（スキー靴）

名詞

形容詞・副詞など

0171	**exam** イグザム / ɪgzǽm /	名 試験 例 take an English **exam**（英語の試験を受ける）
0172	**exhibition** エクスィビション / èksɪbíʃən /　●発音	名 展覧会 派 動 **exhibit**（を展示する） 例 an **exhibition** of Italian art （イタリア美術の展覧会）
0173	**guard** ガード / gɑːʳd /	名 警備員, ガードマン 例 a **guard** dog（番犬）
0174	**meal** ミール / miːl /	名 食事 例 make a **meal** for a person（人に食事を作る）
0175	**training** トゥレイニング / tréɪnɪŋ /	名 訓練 派 動 **train**（を訓練する） 例 need special **training** （特別な訓練を必要とする）
0176	**success** サクセス / səksés /　🎤アク	名 成功 派 形 **successful**（成功した） 例 a path to **success**（成功への道）
0177	**appointment** アポイントゥメント / əpɔ́ɪntmənt /	名 約束, 予約 派 動 **appoint**（を任命する） 例 make an **appointment** for tomorrow at noon（明日正午の予約を取る）
0178	**bean** ビーン / biːn /	名 豆 例 coffee **beans**（コーヒー豆）
0179	**truth** トゥルース / truːθ /	名 真相 派 形 **true**（真実の） 例 to tell you the **truth**（実を言うと）

☑ 0180	**chemistry** ケミストゥリィ / kémɪstri /	名 化学 派 名 **chemist**（化学者） 例 study **chemistry** at college （大学で化学を学ぶ）
☑ 0181	**collection** コレクション / kəlékʃən /	名 収集物, コレクション 派 動 **collect**（を集める） 例 have a large **collection** of paintings （膨大な絵画コレクションを持っている）
☑ 0182	**host** ホゥスト / hoʊst /　●発音	名 （客を受け入れる）主人 派 名 **hostess**（女主人） 例 live with a **host** family （ホストファミリーと暮らす）
☑ 0183	**pie** パイ / paɪ /	名 パイ 例 bake a **pie**（パイを焼く）
☑ 0184	**professor** プロフェサァ / prəfésəʳ /	名 教授 例 a science **professor**（科学の教授）
☑ 0185	**plane** プレイン / pleɪn /	名 飛行機 例 buy a **plane** ticket（航空券を購入する）
☑ 0186	**rider** ライダァ / ráɪdəʳ /	名 乗り手, ライダー 派 動 **ride**（に乗る） 例 a motorcycle **rider**（バイク乗り）
☑ 0187	**sweater** スウェタァ / swétəʳ /　●発音	名 セーター 例 wear a warm **sweater** （暖かいセーターを着ている）
☑ 0188	**amount** アマウント / əmáʊnt /	名 量 例 a large **amount** of fuel（大量の燃料）

☑ 0189

bay

ベイ
/ beɪ /

名 湾
例 in Tokyo **Bay**（東京湾で）

☑ 0190

degree

ディグリー
/ dɪɡríː /

名 （温度などの）**度**
例 a high temperature of 30 **degrees**
（**30**度という高い気温）

☑ 0191

clothing

クロウズィング
/ klóʊðɪŋ /
●発音

名 衣類
派 名 **cloth**（布地）
例 a **clothing** store（衣料品店）

☑ 0192

comedy

カメディ
/ kɑ́ːmədi /

名 喜劇, コメディー
派 形 **comic**（喜劇の）
例 watch a **comedy**（喜劇を見る）

☑ 0193

driving

ドゥライヴィング
/ dráɪvɪŋ /

名 運転
派 動 **drive**（を運転する）
例 pass a **driving** test（運転免許試験に受かる）

☑ 0194

fashion

ファション
/ fǽʃən /

名 流行, ファッション
派 形 **fashionable**（流行の）
例 read a **fashion** magazine
（ファッション雑誌を読む）

☑ 0195

influence

インフルエンス
/ ínfluəns /

名 影響（力）
派 形 **influential**（大きな影響を及ぼす）
例 have a strong **influence** on a person's life
（人の人生に強い影響を与える）

☑ 0196

horror

ホーラァ
/ hɔ́ːrəʳ /

名 恐怖
派 形 **horrible**（恐ろしい）
例 watch a **horror** movie（ホラー映画を見る）

☑ 0197

item

アイテム
/ áɪt̬əm /

名 品目
例 sell **items** like shirts and pants
（シャツやズボンといった商品を売る）

☑ 0198 **manager**

マネヂァ
/ mǽnɪdʒəʳ /　🎤アク

名 経営者, 支配人
派 動 **manage** (を経営する)
例 the **manager** of a hotel (ホテルの支配人)

☑ 0199 **method**

メソド
/ méθəd /

名 方式, 方法
例 use a new **method** (新しい方式を用いる)

☑ 0200 **knowledge**

ナレヂ
/ nάːlɪdʒ /　●発音

名 知識
派 動 **know** (を知っている)
例 one's **knowledge** of history
(歴史に関する知識)

☑ 0201 **pigeon**

ピヂョン
/ pídʒən /

名 ハト
例 a homing **pigeon** (伝書バト)

☑ 0202 **prize**

プライズ
/ praɪz /

名 賞
例 win first **prize** (1 等賞を取る)

☑ 0203 **restroom**

レストゥルーム
/ réstruːm /

名 (公共の建物内の)化粧室, 手洗い
例 the women's **restroom** (女性用トイレ)

☑ 0204 **score**

スコー(ァ)
/ skɔːʳ /

名 (スポーツ・試験などの)点
例 get the highest **score** in one's class
(クラスで最高点を取る)

☑ 0205 **magazine**

マガズィーン
/ mǽɡəziːn /

名 雑誌
例 read a sports **magazine**
(スポーツ雑誌を読む)

☑ 0206 **habit**

ハビト
/ hǽbɪt /

名 習慣, 癖
派 形 **habitual** (習慣的な)
例 change one's eating **habits**(食習慣を変える)

☑ 0207	**spot** スパット / spɑːt /	名 場所 派 形 **spotted**（斑点のある） 例 a sightseeing **spot**（観光スポット）
☑ 0208	**stomachache** ス**タ**マケイク / stʌ́məkeɪk / 🔊発音	名 腹痛, 胃痛 例 have a **stomachache**（おなかが痛む）
☑ 0209	**stove** ストウヴ / stoʊv /	名 こんろ, レンジ 例 turn off the **stove**（こんろを消す）
☑ 0210	**tradition** トゥラ**ディ**ション / trədíʃən /	名 伝統 派 形 **traditional**（伝統的な） 例 part of French **tradition** （フランスの伝統の一部）
☑ 0211	**grass** グ**ラ**ス / græs /	名 草地, 芝生 派 動 **graze**（(牛などが)草を食べる） 例 walk on **grass**（草地を歩く）
☑ 0212	**advantage** アドゥ**ヴァ**ンテヂ / ədvǽntɪdʒ / 🎤アク	名 利点 派 形 **advantageous**（有利な） 例 the **advantages** of getting up early in the morning（朝早起きすることの利点）
☑ 0213	**bee** ビー / biː /	名 ミツバチ 例 a swarm of **bees**（ミツバチの群れ）
☑ 0214	**theater** ス**ィー**アタァ / θíːət̬əʳ /	名 劇場 派 形 **theatrical**（劇場の） 例 go to a movie **theater**（映画館に行く）
☑ 0215	**butterfly** バタフライ / bʌ́t̬əʳflaɪ /	名 チョウ 例 a **butterfly**'s wings（チョウの羽）

☑ 0216

cancer

キャンサァ
/ kǽnsəʳ /

名 **がん**
派 形 **cancerous**（がんの）
例 a **cancer** patient（がん患者）

☑ 0217

promise

プラミス
/ prάːmɪs /

名 **約束**
派 形 **promising**（前途有望な）
例 make a **promise** to a person
（人に約束をする）

☑ 0218

countryside

カントゥリサイド
/ kʌ́ntrɪsaɪd /

名 **田舎**
例 live in the **countryside**（田舎で暮らす）

☑ 0219

credit

クレディト
/ krédɪt /

名 **掛け売り, クレジット**
派 名 **creditor**（債権者）
例 pay by **credit** card（クレジットカードで払う）

☑ 0220

director

ディレクタァ
/ dəréktəʳ /

名 **指導者**
派 動 **direct**（を指導する）
例 a sales **director**（営業部長）

☑ 0221

engine

エンヂン
/ éndʒɪn /

名 **エンジン**
派 名 **engineer**（技師）
例 turn on the **engine**（エンジンを始動させる）

☑ 0222

expert

エクスパ〜ト
/ ékspəːʳt /
🎤アク

名 **専門家**
例 a bird **expert**（鳥の専門家）

☑ 0223

volunteer

ヴァランティア
/ vὰːləntíəʳ /
🎤アク

名 **ボランティア, 志願者**
派 形 **voluntary**（自発的な）
例 work as a **volunteer**
（ボランティアとして働く）

☑ 0224

favor

フェイヴァ
/ féɪvəʳ /

名 **親切な行為**
派 形 **favorite**（お気に入りの）
例 Could you do me a **favor**?
（お願いがあるのですが。）

☑ 0225	**relationship** リレイションシプ / rɪléɪʃənʃɪp /	名 関係 派 名 **relation**（関係） 例 the **relationship** between Britain and the United States（英国と米国の関係）
☑ 0226	**grocery** グロウサリィ / gróʊsəri /	名 食料雑貨店, スーパーマーケット 派 名 **grocer**（食料雑貨店主） 例 a **grocery** store（食料雑貨店）
☑ 0227	**handbag** ハンドゥバグ / hǽndbæg /　🔊アク	名 ハンドバッグ 例 buy a **handbag**（ハンドバッグを買う）
☑ 0228	**marathon** マラサン / mǽrəθɑːn /　🔊アク	名 マラソン 例 run in a **marathon**（マラソンを走る）
☑ 0229	**motorcycle** モウタサイクル / móʊṭəˈsàɪkəl /　🔊アク	名 オートバイ 派 名 **motorcyclist**（オートバイ乗り） 例 ride a **motorcycle**（バイクに乗る）
☑ 0230	**state** ステイト / steɪt /	名 (米国などの)州 派 名 **statement**（陳述） 例 the United **States**（(アメリカ)合衆国）
☑ 0231	**navy** ネイヴィ / néɪvi /	名 海軍 派 形 **naval**（海軍の） 例 the British **navy**（英国海軍）
☑ 0232	**nest** ネスト / nest /	名 巣 例 build a **nest**（巣を作る）
☑ 0233	**pollution** ポルーション / pəlúːʃən /	名 汚染 派 動 **pollute**（を汚染する） 例 air **pollution**（大気汚染）

☑ 0234 **path**

パス
/ pæθ /

名 小道
例 a **path** along the river (川沿いの散歩道)

☑ 0235 **planning**

プラニング
/ plǽnɪŋ /

名 計画
派 動 **plan** (の計画を立てる)
例 city **planning** in Japan (日本の都市計画)

☑ 0236 **receipt**

リスィート
/ rɪsíːt /
●発音

名 領収書
派 動 **receive** (を受け取る)
例 the **receipt** for the book (その本のレシート)

☑ 0237 **paper**

ペイパァ
/ péɪpəʳ /

名 新聞
例 write for a school **paper**
(学校新聞に記事を書く)

☑ 0238 **safety**

セイフティ
/ séɪfti /

名 安全
派 形 **safe** (安全な)
例 road **safety** (交通安全)

☑ 0239 **schedule**

スケヂュール
/ skédʒuːl /

名 予定(表), スケジュール
例 change the **schedule** for today
(今日の予定を変更する)

☑ 0240 **snack**

スナック
/ snæk /

名 軽食
例 have a healthy **snack** (健康的な軽食を取る)

☑ 0241 **software**

ソーフトゥウェア
/ sɔ́ːftweəʳ /
●アク

名 ソフトウエア
例 use computer **software**
(コンピューターのソフトウエアを使う)

☑ 0242 **symbol**

スィンボル
/ símbəl /

名 象徴, シンボル
派 形 **symbolic** (象徴的な)
例 the national **symbol** of the United States
(合衆国の国家の象徴)

☑ 0243	**temperature** テンプラチァ / témprətʃəʳ /	名 **温度, 気温** 例 water **temperature**（水温）
☑ 0244	**tent** テント / tent /	名 **テント** 例 set up a **tent** in a yard（庭にテントを張る）
☑ 0245	**weight** ウェイト / weit /	名 **重さ** 派 動 **weigh**（重さがある） 例 gain **weight**（体重が増える）
☑ 0246	**adventure** アドゥ**ヴェ**ンチァ / ədvéntʃəʳ /	名 **冒険** 派 形 **adventurous**（冒険好きな） 例 an **adventure** movie（冒険映画）
☑ 0247	**album** アルバム / ælbəm /	名 **アルバム** 例 make a photo **album**（写真のアルバムを作る）
☑ 0248	**amusement** アミューズメント / əmjúːzmənt /	名 **娯楽** 派 動 **amuse**（を楽しませる） 例 go to an **amusement** park（遊園地に行く）
☑ 0249	**businessman** ビズネスマン / bíznəsmæn /	名 **実業家** 例 an American **businessman** （アメリカ人実業家）
☑ 0250	**sentence** センテンス / séntəns /	名 **文** 例 the first **sentence** of the book （その本の最初の文）
☑ 0251	**cash** キャッシ / kæʃ /	名 **現金** 派 名 **cashier**（レジ係） 例 have enough **cash** to buy a shirt （シャツを買えるだけの現金を持っている）

動詞

名詞

形容詞・副詞など

☑ 0252
chef
シェフ
/ ʃef /

名 コック長, シェフ
例 a famous sushi **chef**（有名なすし職人）

☑ 0253
choice
チョイス
/ tʃɔɪs /

名 選択（肢）
派 動 **choose**（を選ぶ）
例 have a **choice** of three designs
（3種のデザインから選べる）

☑ 0254
corridor
コーリダァ
/ kɔ́ːrədər /　　　　●発音

名 廊下, 回廊
例 go down the **corridor**（廊下をずっと行く）

☑ 0255
rule
ルール
/ ruːl /

名 規則, ルール
派 名 **ruler**（統治者）
例 break the **rules**（規則を破る）

☑ 0256
dancing
ダンスィング
/ dǽnsɪŋ /

名 ダンス
派 動 **dance**（ダンスをする）
例 salsa **dancing**（サルサダンス）

☑ 0257
diving
ダイヴィング
/ dáɪvɪŋ /

名 ダイビング, 潜水
派 動 **dive**（潜水する）
例 scuba **diving**（スキューバダイビング）

☑ 0258
elevator
エレヴェイタァ
/ éləveɪtər /　　　　🔊アク

名 エレベーター
派 動 **elevate**（を持ち上げる）
例 take the **elevator** to the seventh floor
（7階までエレベーターで行く）

☑ 0259
employee
エンプロイイー
/ ɪmplɔ́ɪiː /

名 従業員
派 動 **employ**（を雇う）
例 a new **employee** in the company
（その会社の新人）

☑ 0260
entrance
エントゥランス
/ éntrəns /

名 玄関, 入口
派 動 **enter**（に入る）
例 the South **Entrance**（南口）

RANK A

必ずおさえておくべき重要単語

英検準2級形容詞・副詞など

☑ 0260
expensive
イクスペンスィヴ
/ ɪkspénsɪv /

形 高価な
派 名 **expense**（費用）
例 be too **expensive**（高価過ぎる）

☑ 0262
famous
フェイマス
/ féɪməs /

形 有名な
派 名 **fame**（名声）
例 a **famous** Japanese artist
（有名な日本人アーティスト）

☑ 0263
special
スペシャル
/ spéʃəl /

形 特別の
派 副 **specially**（特別に）
例 make a **special** dinner for Kate
（ケイトのために特別な夕食を作る）

☑ 0264
difficult
ディフィカルト
/ dífɪkəlt /

形 難しい
派 名 **difficulty**（困難）
例 It is **difficult** to get there.
（そこに行くのは難しい。）

☑ 0265
popular
パピュラァ
/ pάːpjələr /

形 人気のある
派 名 **popularity**（人気）
例 become very **popular**（大人気になる）

☑ 0266
own
オウン
/ oʊn /

形 自分自身の
派 名 **owner**（所有者）
例 my **own** computer（私専用のパソコン）

☑ 0267
cheap
チープ
/ tʃiːp /

形 安い
派 副 **cheaply**（安く）
例 a **cheap** used car（安い中古車）

☑ 0268
favorite
フェイヴァリト
/ féɪvərət /

形 お気に入りの
派 名 **favor**（親切な行為）
例 my **favorite** band（私のお気に入りのバンド）

☐ 0269	**important** インポートゥント / ɪmpɔ́ːʰtnt /	形 **重要な** 派 名 **importance**（重要性） 例 have an **important** meeting （重要な会議を開く）
☐ 0270	**enough** イナフ / ɪnʌ́f /	形 **十分な** 例 **enough** money to buy the dictionary （その辞書を買うに足るお金）
☐ 0271	**beautiful** ビューティフル / bjúːṭəfəl /	形 **美しい** 派 副 **beautifully**（美しく） 例 a **beautiful** lake（美しい湖）
☐ 0272	**excited** イクサイティド / ɪksáɪṭɪd /	形 **興奮した** 派 動 **excite**（を興奮させる） 例 be **excited** about eating out （外食するというのでうきうきする）
☐ 0273	**tired** タイアド / táɪəʰd /	形 **疲れた** 派 動 **tire**（を疲れさせる） 例 be **tired** from a long flight （長い空の旅で疲れている）
☐ 0274	**afraid** アフレイド / əfréɪd /	形 **怖がって** 例 be **afraid** of snakes（蛇を怖がる）
☐ 0275	**local** ロウカル / lóʊkəl /	形 **地元の** 例 a **local** high school（地元の高校）

まとめてCheck!	反意語をCheck！
expensive	⇔ **cheap, inexpensive**（安い）
difficult	⇔ **easy**（やさしい）
beautiful	⇔ **ugly**（醜い）

まとめてCheck!	派生語をPlus！—— excited
exciting	形 興奮させる, わくわくさせる
excitement	名 興奮すること

☑ 0276	**delicious** ディリシャス / dɪlíʃəs /	形 とてもおいしい 例 a **delicious** apple pie （とてもおいしいアップルパイ）
☑ 0277	**dangerous** デインヂャラス / déɪndʒərəs /　●発音	形 危険な 派 名 **danger**（危険） 例 **dangerous** animals in the jungle （ジャングルにいる危険な動物たち）
☑ 0278	**poor** プァ / pʊəʳ /	形 貧しい 派 名 **poverty**（貧乏） 例 build schools for **poor** children （貧しい子どもたちのための学校をつくる）
☑ 0279	**safe** セイフ / seɪf /	形 安全な 派 名 **safety**（安全） 例 a **safe** place to play catch （キャッチボールをするのに安全な場所）
☑ 0280	**healthy** ヘルスィ / hélθi /	形 健康に良い 派 名 **health**（健康） 例 a **healthy** snack（健康的な軽食）
☑ 0281	**strong** ストゥローング / strɔːŋ /	形 強い 派 名 **strength**（力） 例 a **strong** wind（強風）
☑ 0282	**quiet** クワイエト / kwáɪət /	形 静かな 派 副 **quietly**（静かに） 例 live somewhere **quiet** （どこか静かな所で暮らす）
☑ 0283	**excellent** エクセレント / éksələnt /	形 優秀な 派 動 **excel**（秀でている） 例 an **excellent** producer （優秀なプロデューサー）
☑ 0284	**friendly** フレンドゥリィ / fréndli /	形 友好的な 派 名 **friend**（友達） 例 be always **friendly**（いつも友好的である）

☑ 0285	**successful** サク**セ**スフル / səksésfəl /	形 **成功した** 派 副 **successfully**（首尾よく） 例 continue to be **successful**（成功し続ける）

☑ 0286	**wonderful** **ワ**ンダフル / wʌ́ndəˈfəl /	形 **素晴らしい** 派 副 **wonderfully**（素晴らしく） 例 have a **wonderful** time （素晴らしい時を過ごす）

☑ 0287	**aboriginal** アボ**リ**ヂナル / æbərídʒənəl /	形 **アボリジニの** 派 名 **aborigine**（アボリジニ） 例 study **Aboriginal** culture （アボリジニの文化について研究する）

☑ 0288	**available** ア**ヴェ**イラブル / əvéiləbəl /　●発音	形 **使用できる** 例 rooms **available** tomorrow night （明日の晩に空いている部屋）

☑ 0289	**crowded** ク**ラ**ウディド / kráudid /　●発音	形 **混み合った** 派 名 **crowd**（人混み） 例 get on a **crowded** train （混み合った列車に乗る）

☑ 0290	**disappointed** ディサ**ポ**インティド / dìsəpɔ́intid /	形 **がっかりして** 派 動 **disappoint**（をがっかりさせる） 例 be **disappointed** to hear the news （知らせを聞いてがっかりする）

☑ 0291	**extra** **エ**クストラ / ékstrə /　●発音	形 **余分の** 例 have an **extra** ticket for the concert （コンサートの余分なチケットを持っている）

まとめてCheck!	反意語をCheck!		
dangerous	⇔ safe（安全な）	quiet	⇔ noisy（やかましい）
poor	⇔ rich（裕福な, 金持ちの）	friendly	⇔ unfriendly（友好的でない）
strong	⇔ weak（弱い）	successful	⇔ unsuccessful（失敗した）

まとめてCheck!	派生語をPlus! —— successful
success	名 成功
succeed	動 成功する

☑ 0292	**glad** グラッド / glæd /	形 **うれしい** 例 be **glad** the meeting is over （会議が終わってうれしい）
☑ 0293	**hungry** ハングリィ / háŋgri /	形 **空腹の** 派 名 **hunger**（空腹） 例 be starting to get **hungry** （おなかが空き始めている）
☑ 0294	**possible** パスィブル / pάːsəbəl /	形 **可能な** 派 名 **possibility**（可能性） 例 leave as soon as **possible** （できるだけ早く出発する）
☑ 0295	**several** セヴラル / sévrəl /	形 **いくつかの** 例 send **several** letters to a person （人に何通かの手紙を送る）
☑ 0296	**warm** ウォーム / wɔːᵊm /	形 **暖かい** 派 名 **warmth**（暖かさ） 例 buy a **warm** sweater（暖かいセーターを買う）
☑ 0297	**careful** ケアフル / kéəᵊfəl /	形 **注意深い** 派 副 **carefully**（注意深く） 例 be **careful** with fire（火の元に気を付ける）
☑ 0298	**private** プライヴェット / práivət /　　●発音	形 **私的な, 私用の** 派 名 **privacy**（プライバシー） 例 use a **private** room（個室を利用する）
☑ 0299	**similar** スィミラァ / símələᵊ /	形 **よく似た** 派 名 **similarity**（類似） 例 a hat **similar** to mine（私のとよく似た帽子）
☑ 0300	**sunny** サニィ / sʌ́ni /	形 **明るく日の差す** 派 名 **sun**（日光） 例 be **sunny** and warm （日当たりが良くて暖かい）

☑ 0301 **usual**

ユージュアル
/ júːʒuəl /

形 いつもの
派 副 **usually**（いつもは）
例 stay up later than **usual**
（いつもより遅くまで起きている）

☑ 0302 **natural**

ナチュラル
/ nætʃərəl /

形 自然の
派 副 **naturally**（自然に）
例 use **natural** light（自然光を使う）

☑ 0303 **professional**

プロフェショナル
/ prəféʃənəl /

形 プロの
派 名 **profession**（専門職）
例 become a **professional** soccer player
（プロのサッカー選手になる）

☑ 0304 **public**

パブリク
/ pʌ́blɪk /

形 公の, 公的な
派 名 **publicity**（評判）
例 a **public** holiday（祝日）

☑ 0305 **scary**

スケアリィ
/ skéəri /

形 恐ろしい
派 動 **scare**（をおびえさせる）
例 watch a **scary** movie on TV
（テレビで恐ろしい映画を見る）

☑ 0306 **close**

クロウス
/ kloʊs /　　　●発音

形 ごく近い
派 副 **closely**（密接に）
例 be very **close** to the station
（その駅に非常に近い）

☑ 0307 **front**

フラント
/ frʌnt /　　　●発音

形 前の
例 grow flowers in the **front** yard
（前庭で花を育てる）

まとめてCheck!	反意語をCheck!		
possible	⇔ **impossible**（不可能な）	private	⇔ **public**（公的な）
warm	⇔ **cold**（冷たい）	professional	⇔ **amateur**（アマチュアの）
careful	⇔ **careless**（不注意な）	front	⇔ **back**（後ろの）

まとめてCheck!	関連語をCheck！── sunny（明るく日の差す）		
cloudy	曇りの	cold	寒い
rainy	雨の	warm	暖かい
snowy	雪の	hot	暑い
windy	風の強い		

☑ 0308	**early** ア〜リィ / ə́ːli /	副 早く 例 get up **early**(早く起床する）

☑ 0309	**exciting** イクサイティング / ıksáıtıŋ /	形 わくわくさせる 派 動 **excite**（を興奮させる） 例 an **exciting** game（わくわくさせる試合）

☑ 0310	**frozen** フロウズン / fróuzən /	形 凍った 派 動 **freeze**（を凍らせる） 例 eat **frozen** yogurt （フローズンヨーグルトを食べる）

☑ 0311	**loud** ラウド / laud /　　　●発音	形 （声などが）大きい 派 副 **loudly**（大声で） 例 make a **loud** noise（大きな音を立てる）

☑ 0312	**present** プレズント / prézənt /	形 現在の 派 名 **presence**（存在） 例 be popular with readers of the **present** day （現代の読者たちに人気がある）

☑ 0313	**terrible** テリブル / térəbəl /	形 ひどく悪い 派 副 **terribly**（ひどく） 例 feel really **terrible**（最悪だと感じる）

☑ 0314	**bored** ボード / bɔːʳd /	形 退屈した 派 動 **bore**（を退屈させる） 例 get **bored**（退屈する）

☑ 0315	**boring** ボーリング / bɔ́ːrıŋ /	形 退屈させる 派 動 **bore**（を退屈させる） 例 a **boring** speech（退屈なスピーチ）

☑ 0316	**colorful** カラフル / kʌ́ləʳfəl /	形 色彩豊かな 派 名 **color**（色彩） 例 a **colorful** umbrella（カラフルな傘）

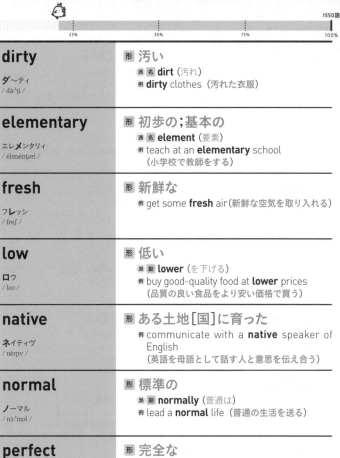

☑ 0317	**dirty** ダ~ティ / də́ːʳṭi /	形 汚い 派 名 **dirt** (汚れ) 例 **dirty** clothes (汚れた衣服)
☑ 0318	**elementary** エレメンタリィ / èlɪméntəri /	形 初歩の;基本の 派 名 **element** (要素) 例 teach at an **elementary** school (小学校で教師をする)
☑ 0319	**fresh** フレッシ / freʃ /	形 新鮮な 例 get some **fresh** air (新鮮な空気を取り入れる)
☑ 0320	**low** ロウ / lou /	形 低い 派 動 **lower** (を下げる) 例 buy good-quality food at **lower** prices (品質の良い食品をより安い価格で買う)
☑ 0321	**native** ネイティヴ / néɪṭɪv /	形 ある土地[国]に育った 例 communicate with a **native** speaker of English (英語を母語として話す人と意思を伝え合う)
☑ 0322	**normal** ノーマル / nɔ́ːʳməl /	形 標準の 派 副 **normally** (普通は) 例 lead a **normal** life (普通の生活を送る)
☑ 0323	**perfect** パ~フェクト / pɑ́ːʳfɪkt /	形 完全な 派 名 **perfection** (完全(なこと)) 例 expect a person to be **perfect** (人に完璧であることを期待する)

まとめてCheck!	反意語をCheck!		
early	⇔ **late**(遅く)	normal	⇔ **abnormal**(異常な)
dirty	⇔ **clean**(きれいな)	perfect	⇔ **imperfect**(不完全な)
low	⇔ **high**(高い)		

まとめてCheck!	関連語をCheck! —— present(現在の)		
current	現在の	modern	現代の
past	過去の	ancient	古代の
future	未来の	late	最近の

☑ 0324	**proud** ブラウド / praud /	形 誇りを持っている 派 副 **proudly**（誇らしげに） 例 be **proud** of one's work （自分の仕事に誇りを持っている）
☑ 0325	**regular** レギュラァ / régjələ^r /	形 普通の 派 副 **regularly**（定期的に） 例 attend a **regular** school（普通の学校に通う）
☑ 0326	**spicy** スパイスィ / spáisi /	形 香辛料の効いた 派 名 **spice**（香辛料） 例 eat **spicy** curry（スパイシーなカレーを食べる）
☑ 0327	**whole** ホウル / hool /	形 全体の 例 look over the **whole** list （リスト全体に目を通す）
☑ 0328	**advanced** アドゥヴァンスト / ədvǽnst /	形 （学問などが）上級の 派 動 **advance**（進歩する） 例 an **advanced** conversation class （上級の会話クラス）
☑ 0329	**foreign** フォーリン / fɔ́:rən /　●発音	形 外国の 派 名 **foreigner**（外国人） 例 study Chinese as a **foreign** language （外国語として中国語を勉強する）
☑ 0330	**global** グロウバル / glóubəl /	形 地球上の 派 名 **globe**（地球） 例 the issue of **global** warming （地球温暖化の問題）
☑ 0331	**harmful** ハームフル / hɑ́:^rmfəl /	形 有害な 派 名 **harm**（害） 例 produce **harmful** gases（有害なガスを出す）
☑ 0332	**lonely** ロウンリィ / lóunli /　●発音	形 寂しい 例 feel very **lonely**（とても寂しく思う）

☑ 0333	**nervous** ナ〜ヴァス / nə́ːrvəs /	形 **不安な** 例 be **nervous** about an exam （試験のことで不安だ）

☑ 0334	**strange** ストゥレインヂ / streɪndʒ /	形 **奇妙な** 派 名 **stranger**（見知らぬ人） 例 a **strange** incident（奇妙な出来事）

☑ 0335	**tough** タフ / tʌf / ●発音	形 **骨の折れる** 例 **tough** sports（きついスポーツ）

☑ 0336	**used** ユーズド / juːzd /	形 **中古の** 派 動 **use**（を使う） 例 buy a **used** book（古本を買う）

☑ 0337	**dry** ドゥライ / draɪ /	形 **乾いた** 例 take sweaters to a **dry** cleaner （セーターをドライクリーニング屋に持って行く）

☑ 0338	**final** ファイヌル / fáɪnl /	形 **最後の** 派 副 **finally**（最後に） 例 have **final** exams（期末試験を受ける）

☑ 0339	**bright** ブライト / braɪt /	形 **(色が)鮮明な** 派 動 **brighten**（を明るくする） 例 **bright** green（派手な緑色）

まとめてCheck!	反意語をCheck!		
advanced	⇔ elementary（初級の）	dry	⇔ wet（ぬれた）
harmful	⇔ harmless（無害の）	final	⇔ first（最初の）
used	⇔ new（新品の）		

まとめてCheck!	意味をPlus！—— bright	
形 輝いている	a **bright** light（輝く光）
形 利口な、賢い	a very **bright** boy（とても賢い少年）

☑ 0340	**certain** サ～トゥン / sə́ːʳtn /	形 **確かな** 派 副 **certainly**（確かに） 例 can't say for **certain**（確かなことは言えない）
☑ 0341	**comfortable** カンファタブル / kʌ́mfəʳṭəbəl /　🎤ア	形 **心地良く思う** 派 名 **comfort**（快適さ） 例 be very **comfortable**（非常にくつろいでいる）
☑ 0342	**comic** カミク / kɑ́ːmɪk /	形 **漫画の** 派 名 **comedy**（喜劇） 例 a **comic** book（漫画本）
☑ 0343	**common** カモン / kɑ́ːmən /	形 **普通の** 派 名 **community**（共同体） 例 be **common** in Europe （ヨーロッパでは普通である）
☑ 0344	**fast** ファスト / fæst /	副 **速く** 派 動 **fasten**（をしっかり固定する） 例 run very **fast**（とても速く走る）
☑ 0345	**helpful** ヘルプフル / hélpfəl /	形 **役に立つ** 派 動 **help**（を助ける） 例 be very **helpful** for the elderly （高齢者にとってとても助けになる）
☑ 0346	**huge** ヒューヂ / hjuːdʒ /	形 **巨大な** 例 a **huge** screen（巨大なスクリーン）
☑ 0347	**impossible** インパスィブル / ɪmpɑ́ːsəbəl /	形 **不可能な** 派 名 **impossibility**（不可能） 例 be **impossible** for the little boy （その少年にとっては不可能だ）
☑ 0348	**international** インタナショナル / ɪnṭəʳnǽʃənəl /	形 **国際的な** 例 make an **international** call （国際電話をかける）

0349 outdoor

アウトゥドー(ァ)
/ áutdɔ̀ːr /

形 戸外の

例 an **outdoor** pool（屋外プール）

0350 past

パスト
/ pæst /

形 過去の

例 for the **past** ten months（過去10カ月の間）

0351 real

リーアル
/ ríːəl /

形 実在する

派 名 **reality**（現実）
例 a **real** name（実名）

0352 recent

リーセント
/ ríːsənt /

形 最近の

派 副 **recently**（つい最近）
例 in **recent** years（近年では）

0353 anyway

エニウェイ
/ éniwèi /

副 ともかく

例 Thanks, **anyway**.
（でも，ありがとう。）

0354 thick

スィック
/ θík /

形 （液体が）濃い

例 make soup **thicker**（スープをもっと濃くする）

0355 unusual

アニュージュアル
/ ʌnjúːʒuəl /

形 普通でない

派 副 **unusually**（異常に）
例 have an **unusual** idea
（普通でない考えを持っている）

まとめてCheck!	反意語をCheck!		
certain	⇔ uncertain（不確かな）	outdoor	⇔ indoor（屋内の）
comfortable	⇔ uncomfortable（不快な）	thick	⇔ thin（薄い）
helpful	⇔ helpless（無力な）		

まとめてCheck!	関連語をCheck！── international（国際的な）		
global	地球上の，グローバルな	earthly	この世の
universal	全世界の	local	地元の
worldwide	世界的な		

☑ 0356	**various** ヴェアリアス / véəriəs /	形 **さまざまな** 派 動 **vary**（さまざまである） 例 **various** types of virus （さまざまなタイプのウイルス）
☑ 0357	**weak** ウィーク / wiːk /	形 **弱い** 派 動 **weaken**（を弱める） 例 be a person's **weak** point（人の弱点である）
☑ 0358	**ancient** エインシェント / éinʃənt /　　●発音	形 **古代の** 例 the people of **ancient** Rome （古代ローマの人々）
☑ 0359	**convenient** コンヴィーニエント / kənvíːniənt /	形 **都合の良い** 派 名 **convenience**（便利） 例 let a person know a **convenient** time （人に都合の良い時間を知らせる）
☑ 0360	**abroad** アブロード / əbrɔ́ːd /　　●発音	副 **外国で** 例 study **abroad** in Boston （ボストンに海外留学する）
☑ 0361	**electric** イレクトゥリク / ɪléktrɪk /　　🎤アク	形 **電気の** 派 名 **electricity**（電気） 例 an **electric** blanket（電気毛布）
☑ 0362	**electronic** イレクトゥラニク / ɪlèktrɑ́ːnɪk /	形 **電子の** 派 名 **electron**（電子） 例 an **electronic** dictionary（電子辞書）
☑ 0363	**empty** エンプティ / émpti /	形 **空（から）の** 例 an **empty** cup（空のカップ）
☑ 0364	**fair** フェア / feəʳ /	形 **公平な** 派 副 **fairly**（公平に） 例 export at a **fair** price to foreign countries （外国へ公正価格で輸出する）

☑ 0365

familiar

ファ**ミ**リャ
/ fəmíljəʳ /

形 **精通している**

例 be **familiar** with Japanese food
（和食に精通している）

☑ 0366

major

メイヂァ
/ méidʒəʳ /

形 **主要な**

派 名 **majority**（大多数）
例 a **major** tourist area（主要な観光地）

☑ 0367

pleased

プ**リ**ーズド
/ plíːzd /

形 **喜んだ**

派 動 **please**（を喜ばせる）
例 be **pleased** with a birthday present
（誕生日プレゼントに喜ぶ）

☑ 0368

serious

ス**ィ**アリアス
/ síəriəs /

形 **重大な**

派 副 **seriously**（深刻に）
例 a **serious** disease（重病）

☑ 0369

sweet

ス**ウィ**ート
/ swíːt /

形 **甘い**

例 like **sweet** food（甘い物が好きである）

☑ 0370

traditional

トゥラ**ディ**ショナル
/ trədíʃənəl /

形 **伝統的な**

派 名 **tradition**（伝統）
例 **traditional** music（伝統的な音楽）

まとめてCheck!	反意語をCheck!		
weak	⇔ **strong**（強い）	fair	⇔ **unfair**（不公平な）
convenient	⇔ **inconvenient**（不便な）	major	⇔ **minor**（重要でない）
empty	⇔ **full**（いっぱいの）		

まとめてCheck!	意味をPlus! —— fair	
形	かなりの, 相当の	a **fair** amount of money（かなりの額のお金）
形	晴れた	**fair** weather（いい天気）
名	博覧会, 見本市	a world's **fair**（万国博覧会）

まとめてCheck!	関連語をCheck! —— sweet（甘い）		
bitter	苦い	mild	まろやかな
salty	塩辛い	tasty	おいしい, 美味な
sour	酸っぱい	delicious	とてもおいしい, うまい
hot	辛い		

この章の学習記録を付ける

覚えたことを定着させるには,「繰り返し復習すること」が大切です。
この章の学習を一通り終えたら,下の学習記録シートに日付を書き
込み,履歴を残しましょう。

1	2	3	4	5	6	7	8	9	10
/	/	/	/	/	/	/	/	/	/
11	12	13	14	15	16	17	18	19	20
/	/	/	/	/	/	/	/	/	/
21	22	23	24	25	26	27	28	29	30
/	/	/	/	/	/	/	/	/	/
31	32	33	34	35	36	37	38	39	40
/	/	/	/	/	/	/	/	/	/
41	42	43	44	45	46	47	48	49	50
/	/	/	/	/	/	/	/	/	/

MEMO

単語編

RANK

おさえておきたい重要単語

RANK B で掲載されているのは英検準 2 級を受検するにあたって、おさえておきたい重要単語です。掲載されている単語は過去に準 2 級で何度も出題されたものばかりです。何度も復習し、全て覚え切りましょう。

RANK **B**

おさえておきたい重要単語

英検準2級動詞

☑ 0371 **feed**
フィード
/ fiːd /

動 に食物を与える
派 名 **food**（食べ物）
例 **feed** birds（鳥に餌をやる）

☑ 0372 **hide**
ハイド
/ haɪd /

動 を隠す
派 形 **hidden**（隠された）
例 **hide** cables（ケーブルを隠す）

☑ 0373 **accord**
アコード
/ əkɔ́ːd /

動 一致する
派 名 **accordance**（一致）
例 **accord** with the teachings of the Bible
（聖書の教えに一致する）

☑ 0374 **hire**
ハイア
/ háɪəʳ /

動 を雇う
派 名 **hirer**（雇い主）
例 **hire** part-time workers（パートを雇う）

☑ 0375 **prefer**
プリファ〜
/ prɪfə́ːʳ /　🎤アク

動 （の方）を好む
派 名 **preference**（好み）
例 **prefer** jazz to rock music
（ロックよりもジャズ（の方）を好む）

☑ 0376 **apply**
アプライ
/ əpláɪ /

動 申し込む
派 名 **applicant**（応募者）
例 **apply** for a job（仕事に応募する）

☑ 0377 **base**
ベイス
/ beɪs /

動 の基礎を置く
派 形 **basic**（基礎の）
例 be **based** on a true story
（実話に基づいている）

☑ 0378 **decorate**
デコレイト
/ dékəreɪt /　🎤アク

動 を飾る
派 名 **decoration**（飾り）
例 **decorate** show windows for Christmas
（ショーウィンドーをクリスマス用に飾り付ける）

☑ 0379	**combine** コンバイン / kəmbáin /	動 **結合する** 派 名 **combination**（結合） 例 **combine** with other groups （他の団体と連合する）	動詞
☑ 0380	**hike** ハイク / haik /	動 **ハイキングする** 派 名 **hiking**（ハイキング） 例 go **hiking** on a mountain （山へハイキングに行く）	
☑ 0381	**jog** ヂャグ / dʒɑːg /	動 **ジョギングする** 派 名 **jogging**（ジョギング） 例 **jog** twice a week（週に2度ジョギングする）	名詞
☑ 0382	**remove** リムーヴ / rɪmúːv /	動 **を取り除く** 派 名 **removal**（除去） 例 **remove** snow around a house （家の周りの雪を取り除く）	
☑ 0383	**announce** アナウンス / ənáuns /	動 **を発表する** 派 名 **announcement**（発表） 例 **announce** a new play （新しい舞台の告知をする）	形容詞・副詞など
☑ 0384	**bite** バイト / bait /	動 **をかむ** 例 be **bitten** by a dog（犬にかまれる）	
☑ 0385	**burn** バ〜ン / bəːˈn /	動 **を焼き焦がす** 派 名 **burner**（焼く人，バーナー） 例 **burn** a frying pan（フライパンを焦がす）	

まとめてCheck!	語源をCheck！—— cord「心」
accord	a(…の方へ)+cord(心)→(一致する)
concord	con(共に)+cord(心)→(調和)
record	re(再び)+cord(心)→(記録)

まとめてCheck!	派生語をPlus！—— apply
applicable	形 適用される
application	名 申し込み
applied	形 応用の

☑ 0386	**wrap** ラップ / ræp /	**動** を包む, 巻き付ける 例 **wrap** a gift with Japanese paper （贈り物を和紙で包む）
☑ 0387	**describe** ディスクライブ / dɪskráɪb /	**動** を描写する 派 名 **description**（描写） 例 **describe** one's experience in detail （自分の経験を詳しく描写する）
☑ 0388	**fit** フィット / fɪt /	**動** （サイズなどが）に合う 例 a dress that **fits** a person （人にぴったり合うドレス）
☑ 0389	**hunt** ハント / hʌnt /	**動** を狩る 派 名 **hunter**（狩りをする人） 例 **hunt** animals for their fur （毛皮を取るために動物を狩る）
☑ 0390	**include** インクルード / ɪnklúːd /	**動** を含む 派 前 **including**（〜を含めて） 例 **include** personal information （個人情報を含む）
☑ 0391	**melt** メルト / melt /	**動** 溶ける 例 **melt** slowly in water（水にゆっくり溶ける）
☑ 0392	**print** プリント / prɪnt /	**動** を印刷する 派 名 **printer**（プリンター） 例 **print** out one's report（レポートを印刷する）
☑ 0393	**belong** ビローング / bɪlɔ́ːŋ /	**動** 所属する 派 名 **belongings**（付属物, 所有物） 例 **belong** to a soccer club （サッカー部に所属する）
☑ 0394	**connect** コネクト / kənékt /	**動** をつなぐ 派 名 **connection**（連結） 例 **connect** two areas（2 つの地域をつなぐ）

☑ 0395	**excite** イク**サイト** / ɪksáɪt /	動 を興奮させる 派 名 **excitement**（興奮） 例 The novel really **excited** him. （彼はその小説に大変わくわくした。）
☑ 0396	**explore** イクス**プロー**(ァ) / ɪksplɔ́ːʳ /	動 を探索する 派 名 **exploration**（探索） 例 **explore** a town（町を探索する）
☑ 0397	**provide** プロ**ヴァイド** / prəváɪd /	動 を供給する 派 名 **provision**（供給） 例 **provide** a person with free meals （人に無料の食事を供給する）
☑ 0398	**replace** リプ**レイス** / rɪpléɪs /	動 を取り換える 派 名 **replacement**（取り換え） 例 **replace** a car（車を取り換える）
☑ 0399	**marry** **マ**リィ / mǽri /	動 と結婚する 派 名 **marriage**（結婚） 例 **marry** a rich man（金持ちの男性と結婚する）
☑ 0400	**weigh** **ウェ**イ / weɪ /	動 重さが〜ある 派 名 **weight**（重さ） 例 **weigh** nearly three tons （3トン近くの重さがある）
☑ 0401	**cheer** **チ**ア / tʃɪəʳ /	動 声援を送る 派 形 **cheerful**（快活な） 例 **cheer** loudly for a team （チームに大声で声援を送る）
☑ 0402	**communicate** コ**ミュー**ニケイト / kəmjúːnɪkeɪt /　🎤アク	動 意思を伝え合う 派 名 **communication**（コミュニケーション） 例 **communicate** in Spanish （スペイン語で会話する）

まとめてCheck!	派生語をPlus! —— include	
inclusion	名 含むこと	
inclusive	形 包括的な	

☑ 0403

compete

コンピート
/ kəmpíːt /

動 競争する

派 形 **competitive** (競争の)
例 **compete** against each other
(お互いに競い合う)

☑ 0404

complain

コンプレイン
/ kəmpléin /

動 不平を言う

派 名 **complaint** (不平)
例 **complain** about a swimming test
(水泳のテストについて愚痴を言う)

☑ 0405

gather

ギャザァ
/ gǽðəʳ /

動 集まる

派 名 **gathering** (集会)
例 **gather** in a large group (大人数で集まる)

☑ 0406

hate

ヘイト
/ heit /

動 が大嫌いだ

派 名 **hatred** (憎しみ)
例 **hate** scary movies (怖い映画を嫌う)

☑ 0407

injure

インヂァ
/ índʒəʳ /

動 を傷つける

派 名 **injury** (傷害)
例 be **injured** in an accident(事故でけがをする)

☑ 0408

invent

インヴェント
/ invént /

動 を発明する

派 名 **invention** (発明)
例 **invent** a new machine
(新しい機械を発明する)

☑ 0409

locate

ロウケイト
/ lóukeit /

動 を置く, の位置を定める

派 名 **location** (位置)
例 be **located** on a hill (丘の上にある)

☑ 0410

organize

オーガナイズ
/ ɔ́ːʳgənaiz /

動 を催す

派 名 **organization** (組織体)
例 **organize** an event (イベントを催す)

☑ 0411

prevent

プリヴェント
/ privént /

動 を妨げる, 防ぐ

派 名 **prevention** (予防)
例 **prevent** a disease from spreading rapidly
(病気が急速に広がるのを防ぐ)

動詞

名詞

形容詞・副詞など

☑ 0412 **publish**

パブリシ
/ pʌ́blɪʃ /

動 を出版する
派 名 **publication**（出版）
例 **publish** a novel（小説を出版する）

☑ 0413 **reply**

リプライ
/ rɪpláɪ /

動 返答する
例 **reply** to an e-mail（メールに返事をする）

☑ 0414 **scare**

スケア
/ skeəʳ /

動 を怖がらせる
派 形 **scared**（おびえた）
例 **scare** children by telling a ghost story
（お化けの話をして子どもたちを怖がらせる）

☑ 0415 **suppose**

サポウズ
/ səpóʊz /

動 と思う
例 I **suppose** that he'll win.（彼は勝つと思う。）

☑ 0416 **translate**

トゥランスレイト
/ trænsleɪt /

動 を翻訳する
派 名 **translation**（翻訳）
例 **translate** a German story into English
（ドイツ語の物語を英語に翻訳する）

☑ 0417 **achieve**

アチーヴ
/ ətʃíːv /

動 を達成する
派 名 **achievement**（達成）
例 **achieve** a goal（目的を達成する）

☑ 0418 **admit**

アドゥミット
/ ədmít /

動 を認める
派 名 **admission**（自認）
例 **admit** one's mistake（誤りを認める）

☑ 0419 **attend**

アテンド
/ əténd /

動 に出席する
派 名 **attendance**（出席）
例 **attend** classes at college
（大学の授業に出席する）

まとめてCheck!	類語をCheck!──「認める」
admit	やむなく認める
recognize	識別する, 承認する
accept	申し出などを受け入れる

☑ 0420	**attract** アトゥ**ラ**クト / ətrǽkt /	動 (魅力などで)**を引き付ける** 派 形 **attractive** (魅力的な) 例 a new way to **attract** customers (お客を引き付ける新たな方法)
☑ 0421	**avoid** ア**ヴォ**イド / əvɔ́id /	動 **を避ける** 派 形 **avoidable** (避けられる) 例 **avoid** heavy traffic (交通渋滞を避ける)
☑ 0422	**bark** バーク / bɑ:ʰk /	動 (犬などが)**ほえる** 例 **bark** all night (一晩中ほえる)
☑ 0423	**chase** **チェ**イス / tʃeɪs /	動 **を追う** 例 **chase** a person across town (人を町中追い掛ける)
☑ 0424	**chew** **チュ**ー / tʃu: /	動 **をかむ** 例 **chew** gum (ガムをかむ)
☑ 0425	**confuse** コン**フュ**ーズ / kənfjú:z /	動 **を混乱させる** 派 名 **confusion** (混乱) 例 a quiz that **confuses** students (生徒を混乱させるクイズ)
☑ 0426	**contain** コン**テ**イン / kəntéɪn /	動 **を含む** 派 名 **content** (中身) 例 **contain** harmful chemicals (有害な化学物質を含む)
☑ 0427	**deliver** ディ**リ**ヴァ / dɪlívəʰ /	動 **を届ける** 派 名 **delivery** (配達) 例 **deliver** a person's order on time (人の注文品を時間通りに届ける)
☑ 0428	**disappoint** ディサ**ポ**イント / dɪsəpɔ́ɪnt /	動 **を失望させる** 派 名 **disappointment** (失望) 例 be **disappointed** with a result (結果にがっかりする)

☑ 0429
divide
ディ**ヴァ**イド
/ dɪváɪd /

動 を分割する
派 名 division（分割）
例 be **divided** into groups
（グループに分けられる）

☑ 0430
earn
ア～ン
/ ə́ːrn /

動 （お金など）を得る
派 名 earnings（所得）
例 **earn** a little bit of money（少しのお金を稼ぐ）

☑ 0431
escape
エス**ケ**イプ
/ ɪskéɪp /

動 逃げる
例 **escape** from dangerous animals
（危険な動物から逃げる）

☑ 0432
hang
ハング
/ hæŋ /

動 を掛ける
派 名 hanger（ハンガー，つり手）
例 **hang** laundry outside（洗濯物を外に干す）

☑ 0433
add
アッド
/ æd /

動 を加える
派 名 addition（追加）
例 **add** sugar to one's coffee
（コーヒーに砂糖を加える）

☑ 0434
match
マッチ
/ mætʃ /

動 と調和する
派 形 matched（釣り合った，似合った）
例 **match** an old building（古い建物に調和する）

☑ 0435
mix
ミクス
/ mɪks /

動 を混ぜる
派 名 mixture（混合物）
例 **mix** flour and eggs（小麦粉と卵を混ぜ合せる）

☑ 0436
pack
パック
/ pæk /

動 （かばんなど）に詰める
派 名 package（郵便小包）
例 **pack** one's bag for a trip
（旅行のために荷造りする）

まとめてCheck!	意味をPlus! —— hang
動 ぶら下がる	**hang** from a branch（枝からぶら下がる）
動 を絞首刑にする	be **hanged** for murder（殺人罪で絞首刑になる）

☑ 0437	**plug** プラグ / plʌg /	**動** (プラグで)を接続する 例 be **plugged** into a DVD player （DVD プレイヤーに接続されている）
☑ 0438	**recognize** レコグナイズ / rékəgnaɪz /	**動** が分かる, 識別できる 派 名 **recognition**（認識） 例 **recognize** the smell of humans （人間のにおいが分かる）
☑ 0439	**recycle** リーサイクル / riːsáɪkəl /	**動** をリサイクルする 派 形 **recycled**（再利用された） 例 **recycle** soap（せっけんを再利用する）
☑ 0440	**rely** リライ / rɪláɪ /	**動** 頼る 派 形 **reliable**（頼りになる） 例 **rely** on one's wife（妻に頼る）
☑ 0441	**retire** リタイア / rɪtáɪəʳ /	**動** 退職する 派 名 **retirement**（退職） 例 **retire** from a company（会社を退職する）
☑ 0442	**roll** ロウル / roʊl /	**動** を転がす 派 名 **roller**（ローラー） 例 **roll** a ball（ボールを転がす）
☑ 0443	**sail** セイル / seɪl /	**動** 航海する 派 名 **sailor**（船員） 例 **sail** to North America （北アメリカへ航海する）
☑ 0444	**hurry** ハ〜リィ / hə́ːri /	**動** 急ぐ 派 副 **hurriedly**（大急ぎで） 例 **hurry** to work（職場へ急ぐ）
☑ 0445	**spread** スプレッド / spred / 🔊発音	**動** を広げる 例 **spread** one's wings（翼を広げる）

☑ 0446	**succeed** サクスィード / səksíːd /	動 **成功する** 派 名 **success** (成功) 例 **succeed** in starting a company （会社を立ち上げることに成功する）
☑ 0447	**surround** サラウンド / səráund /	動 **を囲む** 派 名 **surroundings** (環境) 例 be **surrounded** by flowers （花に囲まれる）
☑ 0448	**trade** トゥレイド / treɪd /	動 **を交換する** 派 名 **trader** (貿易業者, 商人) 例 **trade** goods for furs （物資と毛皮を交換する）
☑ 0449	**accept** アクセプト / əksépt /	動 **を受け入れる** 派 名 **acceptance** (受理) 例 be **accepted** to a university （大学に受かる）
☑ 0450	**accomplish** アカンプリシ / əkάːmplɪʃ /	動 **を達成する** 派 名 **accomplishment** (達成, 完成) 例 **accomplish** one's goal （目的を達成する）
☑ 0451	**advise** アドゥヴァイズ / ədváɪz /　●発音 ●アク	動 **に忠告する** 派 名 **advice** (忠告) 例 **advise** a person to eat more vegetables （もっと野菜を食べるよう人に忠告する）
☑ 0452	**amuse** アミューズ / əmjúːz /	動 **を楽しませる** 派 名 **amusement** (楽しみ, 娯楽) 例 **amuse** people by doing magic tricks （手品で人々を楽しませる）
☑ 0453	**behave** ビヘイヴ / bɪhéɪv /　●発音	動 **振る舞う** 派 名 **behavior** (振る舞い) 例 **behave** badly during class （授業中行儀が悪い）

まとめてCheck!	語源をCheck! —— cept「取る」
accept	ac(…へ)＋cept(取る)→(を受け入れる)
perception	per(完全に)＋cept(取る)＋ion(こと)→(知覚)
reception	re(後ろへ)＋cept(取る)＋ion(こと)→(もてなし)

☑ 0454	**bet** ベット / bet /	動 と断言する 例 I **bet** it's too expensive. （絶対それは高すぎるよ。）
☑ 0455	**bother** バザァ / bάːðəʳ /	動 を悩ませる 例 be **bothered** by noise（騒音に悩まされる）
☑ 0456	**breathe** ブリーズ / briːð /　　　●発音	動 （空気など）を吸う 派 名 **breath**（息，呼吸） 例 **breathe** fresh air（新鮮な空気を吸う）
☑ 0457	**chat** チャット / tʃæt /	動 おしゃべりする 例 **chat** for hours at a coffee shop （喫茶店で何時間もおしゃべりする）
☑ 0458	**complete** コンプリート / kəmpliːt /	動 を終わらせる 派 名 **completion**（修了，完成） 例 **complete** one's work on time （期日通りに仕事を終える）
☑ 0459	**decrease** ディークリース / diːkriːs /	動 を減少させる 派 形 **decreasing**（次第に減少している） 例 **decrease** the number of accidents （事故件数を減少させる）
☑ 0460	**delay** ディレイ / diléi /	動 を遅らせる 例 be **delayed** due to bad weather （悪天候のために遅れる）
☑ 0461	**demonstrate** デモンストゥレイト / démənstreit /　　🎤アク	動 を説明する 派 名 **demonstration**（実演説明，証明） 例 **demonstrate** how to use computer software （コンピューターソフトウエアの使い方を説明する）
☑ 0462	**depend** ディペンド / dipénd /	動 頼る 派 名 **dependence**（依存） 例 **depend** on other people（他の人に頼る）

☑ 0463	**differ** ディファ / dífə^r / 🎤アク	動 違う 派 名 **difference**（違い） 例 **differ** from other kinds of ice cream （他の種類のアイスクリームと違う）
☑ 0464	**dig** ディッグ / díg /	動 を掘る 例 **dig** mines to look for gold （金を探して鉱山を掘る）
☑ 0465	**direct** ディレクト / dərékt /	動 を監督する 派 名 **direction**（監督すること） 例 **direct** a science fiction movie （SF映画の監督をする）
☑ 0466	**waste** ウェイスト / wéist /	動 を浪費する 派 形 **wasteful**（無駄遣いの多い） 例 **waste** time and money （時間とお金を浪費する）
☑ 0467	**forgive** フォギヴ / fə^rgív /	動 を許す 派 形 **forgivable**（許される） 例 They **forgave** her for her mistake. （彼らは彼女のミスを許した。）
☑ 0468	**frighten** フライトゥン / fráitn /	動 をぎょっとさせる 派 名 **fright**（恐怖） 例 be **frightened** by a ghost （お化けにぎょっとする）
☑ 0469	**gain** ゲイン / géin /	動 を得る 例 **gain** a lot of weight（体重がすごく増える）
☑ 0470	**handle** ハンドゥル / hǽndl /	動 を扱う 派 名 **handling**（操作） 例 **handle** personal information with care （個人情報を注意して扱う）

まとめてCheck!	派生語をPlus！── differ	
different	形 異なる	
differently	副 異なって	
differentiate	動 を区別する	

単語編 動詞 名詞 形容詞・副詞 など

85

RANK B

おさえておきたい重要単語

英検準2級名詞

☑ 0471

experiment

イクスペリメント
/ ɪkspérɪmənt /

名 実験
派 形 experimental（実験の）
例 do an experiment（実験をする）

☑ 0472

fitness

フィトゥネス
/ fítnəs /

名 健康
派 形 fit（健康な）
例 a fitness center（フィットネスセンター）

☑ 0473

graduation

グラデュエイション
/ grædʒuéɪʃən /

名 卒業
派 動 graduate（卒業する）
例 a graduation ceremony（卒業式）

☑ 0474

activity

アクティヴィティ
/ æktívəţi /

名 活動
派 形 active（活動的な）
例 volunteer activities（ボランティア活動）

☑ 0475

instance

インステンス
/ ínstəns /

名 例
派 形 instant（即時の）
例 for instance（例えば）

☑ 0476

invitation

インヴィテイション
/ ìnvɪtéɪʃən /

名 招待（状）
派 動 invite（を招待する）
例 send a person an invitation
（人に招待状を送る）

☑ 0477

population

パピュレイション
/ pàːpjəléɪʃən /

名 人口
例 the world population（世界人口）

☑ 0478

limit

リミト
/ límɪt /

名 限度, 制限
派 名 limitation（制限）
例 a time limit of ten minutes（10分の時間制限）

☑ 0479	**role** ロウル / roʊl /	名 役, 役割 例 play an important **role** (重要な役割を果たす)
☑ 0480	**menu** メニュー / ménjuː /	名 メニュー 例 a dessert **menu** (デザートのメニュー)
☑ 0481	**metal** メトゥル / métl̩ /	名 金属 派 形 **metallic** (金属の) 例 a sheet of **metal** (金属板)
☑ 0482	**neighborhood** ネイバフド / néɪbɚˌhʊd /	名 近所 派 名 **neighbor** (近所の人) 例 the streets in one's **neighborhood** (近所の通り)
☑ 0483	**patient** ペイシェント / péɪʃənt /	名 患者 派 名 **patience** (忍耐) 例 a cancer **patient** (がん患者)
☑ 0484	**photograph** フォウトグラフ / fóʊtəˌgræf / 🎤アク	名 写真 派 形 **photographic** (写真の) 例 take a **photograph** (写真を撮る)
☑ 0485	**plastic** プラスティク / plǽstɪk /	名 プラスチック, ビニール 例 be made of **plastic** (プラスチック製である)
☑ 0486	**quality** クワリティ / kwάːləṭi /	名 質 派 動 **qualify** (に資格を与える) 例 top-**quality** wine (最高品質のワイン)
☑ 0487	**salon** サラン / səlάːn /	名 (美容などの)店 例 a hair **salon** (美容室)

☑ 0488	**secret** スィークレト / síːkrət /	名 秘密 派 副 **secretly**（内密に） 例 keep a matter **secret** （ある件を秘密にしておく）
☑ 0489	**screen** スクリーン / skriːn /	名（テレビなどの）**画面** 例 on a computer **screen** （コンピューターの画面に）
☑ 0490	**shelf** シェルフ / ʃelf /	名 棚 例 put a book on a **shelf**（本を棚に置く）
☑ 0491	**skating** スケイティング / skéɪtɪŋ /	名 スケート 派 動 **skate**（スケートをする） 例 a **skating** rink（スケートリンク）
☑ 0492	**tooth** トゥース / tuːθ /	名 歯 派 形 **toothless**（歯のない） 例 brush one's **teeth**（歯を磨く）
☑ 0493	**tool** トゥール / tuːl /	名（単純な）**道具** 例 a useful **tool**（役に立つ道具）
☑ 0494	**wolf** ウルフ / wolf /	名 オオカミ 例 wild **wolves**（野生のオオカミ）
☑ 0495	**backyard** バクヤード / bǽkjɑ́ːrd /	名 裏庭 例 set up a tent in the **backyard** （裏庭にテントを張る）
☑ 0496	**subway** サブウェイ / sʌ́bweɪ /	名 地下鉄 例 go there by **subway**（地下鉄でそこへ行く）

動詞

名詞

形容詞・副詞など

☑ 0497	**dollar** ダラァ / dáːlaʳ /	名 ドル 例 spend two hundred **dollars** on shoes （靴に 200 ドルを費やす）
☑ 0498	**brand** ブランド / brænd /	名 銘柄, ブランド 例 a new **brand** of apples（新しい銘柄のリンゴ）
☑ 0499	**capital** キャピトゥル / kǽpəṭl /	名 首都 例 the **capital** of Japan（日本の首都）
☑ 0500	**million** ミリョン / míljən /	名 100万 派 名 **millionaire**（大金持ち） 例 **millions** of people（何百万もの人）
☑ 0501	**closet** クラゼト / klɑ́ːzət /	名 納戸, クローゼット 例 be in the **closet**（物置の中にある）
☑ 0502	**piece** ピース / piːs /	名 一片 例 a **piece** of cake（ケーキ 1 切れ）
☑ 0503	**coin** コイン / kɔɪn /	名 硬貨 例 a silver **coin**（銀貨）
☑ 0504	**comment** カメント / kɑ́ːment / 🎤アク	名 論評 派 名 **commentary**（実況解説） 例 write a **comment** about the issue （その件についてコメントを書く）

まとめてCheck!	意味をPlus！── capital	
名 資本金	the **capital** to start a company（会社設立のための資本金）
形 大文字の	a **capital** letter（大文字）

☑ 0505
conditioner
コンディショナァ
/ kəndíʃənəʳ /

名 冷暖房装置
例 an air **conditioner**（エアコン）

☑ 0506
cycling
サイクリング
/ sáɪklɪŋ /

名 サイクリング
派 動 **cycle**（自転車に乗る）
例 a **cycling** race（サイクリングレース）

☑ 0507
desert
デザト
/ dézəʳt /　　🎤アク

名 砂漠
派 名 **desertification**（砂漠化）
例 live in the **desert**（砂漠で暮らす）

☑ 0508
designer
ディザイナァ
/ dɪzáɪnəʳ /

名 設計者, デザイナー
派 動 **design**（を設計する）
例 a shoe **designer**（靴のデザイナー）

☑ 0509
eagle
イーグル
/ íːgəl /

名 ワシ
例 a bald **eagle**（ハクトウワシ）

☑ 0510
effect
イフェクト
/ ɪfékt /

名 影響
派 形 **effective**（効果的な）
例 have a big **effect** on a person's life
（人の人生に大きな影響を及ぼす）

☑ 0511
effort
エフォト
/ éfəʳt /

名 努力
派 形 **effortless**（努力を要しない）
例 put more **effort** into practicing the piano
（ピアノの練習をもっと頑張る）

☑ 0512
essay
エセイ
/ éseɪ /

名 作文, 小論文, レポート
派 名 **essayist**（随筆家）
例 write an **essay**（レポートを書く）

☑ 0513
fee
フィー
/ fiː /

名 料金
例 pay late **fees**（延滞料金を払う）

動詞

名詞

形容詞・副詞など

☑ 0514 **fiction**

フィクション
/ fíkʃən /

名 小説, フィクション

例 science **fiction**（空想科学小説）

☑ 0515 **fisherman**

フィシャマン
/ fíʃəˈmən /

名 漁師

派 動 **fish**（魚を捕る）
例 a local **fisherman**（地元の漁師）

☑ 0516 **gallery**

ギャラリィ
/ gǽləri /

名 美術館, 画廊

例 an art **gallery**（美術館）

☑ 0517 **gate**

ゲイト
/ geit /

名 門

例 meet at the **gate**（門の所で会う）

☑ 0518 **grandparent**

グランドゥペアレント
/ grǽndpèərənt /

名 祖父, 祖母

例 visit one's **grandparents**（祖父母を訪ねる）

☑ 0519 **grandson**

グランドゥサン
/ grǽndsʌn /

名 孫息子

例 look after one's **grandson**
（孫息子の面倒を見る）

☑ 0520 **hearing**

ヒアリング
/ híəriŋ /

名 聴力

派 動 **hear**（が聞こえる）
例 have good **hearing**（耳がいい）

☑ 0521 **image**

イメヂ
/ ímidʒ /　●発音

名 映像, 画像

派 動 **imagine**（を想像する）
例 see an **image** on a screen
（画面の映像を見る）

☑ 0522 **jewelry**

ヂューエルリィ
/ dʒúːəlri /

名 宝石類

派 名 **jewel**（宝石）
例 a **jewelry** store（宝石店）

☑ 0523	**jogging** ヂャギング / dʒɑ́:gɪŋ /	名 ジョギング 派 動 jog（ジョギングする） 例 exercise such as **jogging** （ジョギングなどの運動）
☑ 0524	**laptop** ラプタプ / lǽptɑːp /	名 ノートパソコン 例 a **laptop** computer（ノートパソコン）
☑ 0525	**lunchtime** ランチタイム / lʌ́ntʃtaɪm /	名 昼食時 例 at **lunchtime**（ランチタイムに）
☑ 0526	**membership** メンバシプ / mémbəʳʃɪp /	名 会員権, 会員資格 派 名 member（会員） 例 cancel a person's **membership** （人の会員資格を取り消す）
☑ 0527	**mirror** ミラァ / mírəʳ /	名 鏡 例 check one's tie in a **mirror** （鏡でネクタイを確認する）
☑ 0528	**engineer** エンヂニア / èndʒɪníəʳ /　🎤アク	名 技師, エンジニア 派 名 engineering（工学） 例 work as an **engineer**（エンジニアとして働く）
☑ 0529	**orchestra** オーケストゥラ / ɔ́ːʳkɪstrə /　🎤アク	名 オーケストラ, 管弦楽団 例 a symphony **orchestra**（交響楽団）
☑ 0530	**outback** アウトゥバク / áʊtbæk /	名 （オーストラリアの）奥地 例 live in the **outback**（奥地に暮らす）
☑ 0531	**pastry** ペイストゥリィ / péɪstri /	名 ペーストリー, パン菓子 例 **pastries** like pies and tarts （パイやタルトなどのペーストリー）

単語編

RANK B

動詞

名詞

形容詞・副詞 など

☑ 0532 **peanut**
ピーナト
/ píːnʌt /

名 ピーナツ
例 eat **peanuts**（ピーナツを食べる）

☑ 0533 **castle**
キャスル
/ kǽsəl /

名 城
例 build a **castle**（城を建てる）

☑ 0534 **photographer**
フォ**タ**グラファ
/ fətɑ́ːgrəfəʳ / 🎤アク

名 写真家
派 名 **photograph**（写真）
例 a professional **photographer**
（プロのカメラマン）

☑ 0535 **post**
ポウスト
/ poust /

名 郵便
派 形 **postal**（郵便の）
例 a **post** office（郵便局）

☑ 0536 **pot**
パット
/ pɑːt /

名 鍋
例 a cooking **pot**（料理鍋）

☑ 0537 **average**
アヴェレヂ
/ ǽvərɪdʒ /

名 平均（値）
例 be above **average**（平均を上回っている）

☑ 0538 **recording**
リ**コー**ディング
/ rɪkɔ́ːʳdɪŋ /

名 録音したもの, 録画したもの
派 動 **record**（を録音する, 録画する）
例 listen to a **recording**（録音されたものを聞く）

☑ 0539 **refrigerator**
リフ**リ**ヂェレイタァ
/ rɪfrídʒəreɪtəʳ /

名 冷蔵庫
例 put some meat in the **refrigerator**
（冷蔵庫に肉を入れる）

☑ 0540 **relative**
レラティヴ
/ rélətɪv /

名 親戚, 身内
派 動 **relate**（を関係付ける）
例 visit one's **relatives**（親戚を訪ねる）

■)) TRACK 033

☑ 0541	**running** ラニング / ránɪŋ /　●発音	名 ランニング, 走ること 派 動 **run** (走る) 例 endurance **running** (持久走)
☑ 0542	**sailboat** セイルボウト / séɪlbout /	名 帆船, ヨット 例 a **sailboat** on the lake (湖に浮かぶ帆船)
☑ 0543	**salmon** サモン / sǽmən /　●発音	名 (魚の)サケ 例 **salmon** fishing (サケ漁)
☑ 0544	**farm** ファーム / fɑːˈm /	名 農場 派 名 **farmer** (農場主) 例 work on a **farm** (農場で働く)
☑ 0545	**section** セクション / sékʃən /	名 部分, (仕切られた)場所 派 形 **sectional** (部分の) 例 the newspaper **section** (新聞売り場)
☑ 0546	**atmosphere** アトゥモスフィア / ǽtməsfɪəˈ /　🎤ア	名 雰囲気 例 create a friendly **atmosphere** (友好的な雰囲気を作り出す)
☑ 0547	**spelling** スペリング / spélɪŋ /	名 つづり(方) 派 動 **spell** ((語)をつづる) 例 a **spelling** mistake (スペルミス)
☑ 0548	**spirit** スピリト / spírɪt /	名 精神 派 形 **spiritual** (精神的な) 例 fighting **spirit** (闘志)
☑ 0549	**stair** ステア / steəˈ /	名 (複数形で)階段 例 walk up the **stairs** (階段を歩いて上る)

☑ 0550

studio

ステューディオウ
/ stjúːdiou /　●発音

名 スタジオ

例 a photo **studio**（写真館）

☑ 0551

superhero

スーパヒーロウ
/ sùːpəˈhiːrou /　🎤アク

名 スーパーヒーロー

例 a **superhero** comic
（スーパーヒーローものの漫画）

☑ 0552

swimmer

スウィマァ
/ swiməˈ /

名 泳ぐ人

派 動 **swim**（泳ぐ）
例 a fast **swimmer**（泳ぎの速い人）

☑ 0553

title

タイトゥル
/ táɪtl̩ /

名 題名, タイトル

例 the **title** of the book（その本の題名）

☑ 0554

towel

タウエル
/ táʊəl /　●発音

名 タオル

例 dry one's hands with a **towel**
（タオルでぬれた手を拭く）

☑ 0555

washing

ワシング
/ wáːʃɪŋ /

名 洗うこと, 洗濯

派 動 **wash**（を洗う）
例 a **washing** machine（洗濯機）

☑ 0556

weekday

ウィークデイ
/ wiːkdeɪ /

名 平日, ウイークデー

例 on **weekdays**（平日に）

☑ 0557

wing

ウィング
/ wɪŋ /

名 翼, 羽

派 形 **winged**（翼のある, 羽のある）
例 a butterfly's **wings**（チョウの羽）

☑ 0558

ability

アビリティ
/ əbíləti /

名 能力

派 形 **able**（有能な）
例 the **ability** to fly（飛ぶ能力）

☑ 0559	**advance** アドゥ**ヴァ**ンス / advǽns / 🎤ア	名 進歩 派 形 **advanced**(進歩した) 例 **advances** in information technology （情報技術の進歩）
☑ 0560	**airline** **エ**アライン / éəˈlaɪn /	名 航空会社 例 a Japanese **airline**（日本の航空会社）
☑ 0561	**allergy** **ア**ラヂィ / ǽləˈdʒi / 💬発音	名 アレルギー 派 形 **allergic**(アレルギーのある) 例 have an **allergy** to wheat （小麦に対するアレルギーがある）
☑ 0562	**ant** **ア**ント / ænt /	名 アリ 例 an **ant** hill（アリ塚）
☑ 0563	**backpack** **バ**クパク / bǽkpæk /	名 リュックサック, バックパック 派 名 **backpacker**（バックパッカー） 例 carry a **backpack** on one's back （リュックサックを背負って行く）
☑ 0564	**bacteria** バク**ティ**アリア / bæktíəriə /	名 バクテリア 例 a disease caused by **bacteria** （バクテリアが原因となる病気）
☑ 0565	**baker** **ベ**イカァ / béɪkəˈ /	名 パンを焼く人 例 a professional **baker**（プロのパン焼き職人）
☑ 0566	**battery** **バ**テリィ / bǽṭəri /	名 電池, バッテリー 例 **battery** life（電池の寿命）
☑ 0567	**blueberry** **ブ**ルーベリィ / blúːbèri /	名 ブルーベリー 例 a **blueberry** pie（ブルーベリーパイ）

動詞

名詞

形容詞・副詞など

☑ 0568 **borrower**

ボーロウア
/ bɔ́:rouɚ /

名 借り手
派 動 **borrow**（を借りる）
例 a car **borrower**（車を借りる人）

☑ 0569 **cable**

ケイブル
/ kéɪbəl /

名 ケーブル, 被覆電線
例 transmit light through a **cable**
（ケーブルを通して光を送る）

☑ 0570 **cafeteria**

キャフェ**ティ**アリア
/ kæ̀fətíəriə /

名 カフェテリア, 食堂
例 have a meal in a **cafeteria**
（カフェテリアで食事をする）

☑ 0571 **campus**

キャンパス
/ kǽmpəs /

名 （大学などの）キャンパス, 構内
例 a **campus** tour（キャンパス見学会）

☑ 0572 **career**

カリア
/ kəríɚ /　　　　🎤アク

名 職業
例 one's future **career**（将来の職業）

☑ 0573 **ceremony**

セレモウニィ
/ sérəmòuni /

名 儀式, 式典
派 形 **ceremonial**（儀式の）
例 a graduation **ceremony**（卒業式）

☑ 0574 **championship**

チャンピオンシプ
/ tʃǽmpiənʃɪp /

名 選手権（大会）
派 名 **champion**（チャンピオン）
例 win a **championship**（選手権を獲得する）

☑ 0575 **aunt**

アント
/ ænt /

名 伯母, 叔母
例 visit one's **aunt** and uncle
（伯母と伯父を訪ねる）

まとめてCheck!	派生語をPlus！── baker
bake	動 を（オーブンなどで）焼く
bakery	名 パン屋

☑ 0576	**opinion** オピニョン / əpínjən /	名 意見 例 an **opinion** about the policy （その政策に関する意見）
☑ 0577	**movement** ムーヴメント / múːvmənt /	名 動き, 動作 派 動 **move**（動く） 例 the meaning of the dog's **movements** （その犬の動作が意味すること）
☑ 0578	**clinic** クリニク / klínɪk /	名 診療所, クリニック 派 形 **clinical**（臨床の） 例 an animal **clinic**（動物病院）
☑ 0579	**connection** コネクション / kənékʃən /	名 接続 派 動 **connect**（を接続する） 例 an Internet **connection**（インターネット接続）
☑ 0580	**admission** アドミション / ədmíʃən /	名 入場, 入学, 入会 派 動 **admit**（(入場)を認める） 例 pay an **admission** fee（入場料を払う）
☑ 0581	**cruise** クルーズ / kruːz /	名 巡航, 遊覧航行 派 名 **cruiser**（クルーザー） 例 have a great time on a boat **cruise** （遊覧船で楽しい時間を過ごす）
☑ 0582	**cure** キュア / kjʊəʳ /	名 治療 例 a **cure** for cancer（がんの治療法）
☑ 0583	**disc** ディスク / dɪsk /	名 円盤状の物, ディスク 例 a compact **disc**（CD）
☑ 0584	**dormitory** ドーミトーリィ / dɔ́ːʳmətɔːri /	名 寮, 寄宿舎 例 share a **dormitory** room （寮の部屋をシェアする）

START
1550語
25% 50% 75% 100%
単語編
RANK
B
動詞
名詞
形容詞・副詞など

☑ 0585

doubt

ダウト
/ daʊt /　●発音

名 疑い

派 形 **doubtful**（疑わしく思っている）

例 have **doubts** about a person's explanation
（人の説明に疑念を抱いている）

☑ 0586

drug

ドゥ**ラッ**グ
/ drʌg /

名 麻薬, 薬

例 **drug** abuse（薬物乱用）

☑ 0587

entertainer

エンタ**テイ**ナァ
/ ènʧəˈtéɪnəʳ /　●発音

名 芸能人, エンターテイナー

派 動 **entertain**（を楽しませる）

例 **entertainers** such as singers and dancers
（歌手やダンサーといったエンターテイナー）

☑ 0588

equipment

イク**ウィ**プメント
/ ɪkwípmənt /

名 設備, 機器

派 動 **equip**（に備え付ける）

例 stereo **equipment**（ステレオ装置）

☑ 0589

explorer

イクス**プ**ローラァ
/ ɪksplɔ́ːrəʳ /

名 探検家

派 動 **explore**（を探検する）

例 an English **explorer**（イギリス人探検家）

☑ 0590

hill

ヒル
/ hɪl /

名 丘, (低い)山

例 on top of a **hill**（丘のてっぺんに）

☑ 0591

fence

フェンス
/ fens /

名 柵, 囲い

例 the **fence** around a person's land
（人の土地の周囲に巡らせた柵）

☑ 0592

flour

フ**ラ**ウア
/ fláʊəʳ /　●発音

名 小麦粉

例 bread **flour**（パン用小麦粉）

☑ 0593

doll

ダル
/ dɑːl /　●発音

名 人形

例 collect **dolls**（人形を収集する）

☑ 0594	**furniture** ファ〜ニチァ / fə́ːrnɪtʃəʳ /	名 家具 例 a piece of **furniture** (家具1点)
☑ 0595	**gentleman** ヂェントゥルマン / dʒéntlmən /	名 男の方, 男性 派 形 **gentle** (優しい) 例 Good evening, ladies and **gentlemen**. (皆さん, こんばんは。)
☑ 0596	**girlfriend** ガ〜ルフレンド / gə́ːʳlfrend / アク	名 (男性にとっての) 恋人 例 have a **girlfriend** ((恋人としての)彼女がいる)
☑ 0597	**glove** グラヴ / glʌv / 発音	名 手袋 例 wear **gloves** (手袋をしている)
☑ 0598	**cousin** カズン / kʌ́zən / 発音	名 いとこ 例 visit a **cousin** in Osaka (大阪のいとこを訪ねる)
☑ 0599	**grandma** グランマー / grǽnmɑː /	名 おばあちゃん 例 go to **Grandma**'s house (おばあちゃんの家に行く)
☑ 0600	**guidebook** ガイドゥブク / gáɪdbʊk / アク	名 ガイドブック, 旅行案内書 例 a **guidebook** about Rome (ローマのガイドブック)
☑ 0601	**captain** キャプテン / kǽptən /	名 船長, キャプテン 例 the **captain** of a small ship (小型船の船長)
☑ 0602	**visitor** ヴィズィタァ / vízɪtəʳ /	名 観光客, 訪問者 派 動 **visit** (を訪れる) 例 **visitors** from other countries (他国からの観光客)

動詞

名詞

形容詞・副詞など

☑ 0603	**headphone** ヘッドゥフォウン / hédfoʊn / 🎤アク	名 ヘッドホン 例 use **headphones** to listen to music （音楽を聴くのにヘッドホンを使う）
☑ 0604	**project** プラヂェクト / prάːdʒekt /	名 計画, 事業 例 take part in a **project** （プロジェクトに参加する）
☑ 0605	**highway** ハイウェイ / hάɪweɪ / 🎤アク	名 幹線道路 例 a traffic accident on a **highway** （幹線道路での交通事故）
☑ 0606	**achievement** アチーヴメント / ətʃíːvmənt /	名 業績 派 動 **achieve**（を達成する） 例 honor a scientist's great **achievement** （ある科学者の偉大な功績を祝う）
☑ 0607	**stamp** スタンプ / stæmp /	名 切手 例 talk about one's **stamp** collection （切手のコレクションについて話す）
☑ 0608	**housework** ハウスワ～ク / hάʊswəːʰk /	名 家事 例 do **housework**（家事をする）
☑ 0609	**percent** パセント / pəʰsént /	名 パーセント 派 名 **percentage**（百分率） 例 give a five **percent** discount on shirts （シャツを5パーセント引きの値段で売る）
☑ 0610	**impression** インプレション / ɪmpréʃən /	名 印象 派 動 **impress**（に印象を与える） 例 make a good **impression** on customers （客に良い印象を与える）
☑ 0611	**instructor** インストゥラクタァ / ɪnstrʌ́ktəʰ /	名 指導者, インストラクター 派 動 **instruct**（に指導する） 例 a yoga **instructor**（ヨガのインストラクター）

☑ 0612	**journey** ヂャ～ニィ / dʒə́ːni /	名 旅行 例 begin one's **journey** on March 15 （3月15日に旅に出る）
☑ 0613	**knee** ニー / niː /　　●発音	名 膝 例 bend one's **knees**（両膝を曲げる）
☑ 0614	**license** ライセンス / láɪsəns /	名 免許証, 許可書 派 形 **licensed**（免許を持っている） 例 a driver's **license**（運転免許証）
☑ 0615	**lobby** ラビィ / láːbi /	名 （ホテルなどの）ロビー 例 take a seat in the **lobby**（ロビーで腰掛ける）
☑ 0616	**middle** ミドゥル / mídl /	名 真ん中 例 in the **middle** of the city（都市の真ん中で）
☑ 0617	**memory** メモリィ / méməri /	名 記憶力 派 形 **memorial**（記念の） 例 have a good **memory**（記憶力が良い）
☑ 0618	**majority** マヂョーリティ / mədʒɔ́ːrəti /	名 大多数 派 形 **major**（多数の） 例 the **majority** of the students in the class （クラスの生徒の大多数）
☑ 0619	**makeup** メイカプ / méɪkʌp /　　●発音	名 化粧, メーキャップ 例 wear **makeup**（化粧をしている）
☑ 0620	**mention** メンション / ménʃən /	名 言及 例 There is no **mention** of his achievement in the book. （その本は彼の功績を全く記載していない。）

☑ 0621
nation
ネイション
/ néɪʃən /

名 国
派 形 **national**（国家の）
例 one of the largest **nations** in the world
（世界の大国の一つ）

☑ 0622
network
ネトゥワ〜ク
/ nétwəːᵃk /　🎤アク

名 ネットワーク
例 a radio **network**（ラジオ放送網）

☑ 0623
market
マーケト
/ máːᵃkɪt /

名 市場(しじょう), マーケット
派 名 **marketing**（マーケティング）
例 the international **market**（国際市場）

☑ 0624
option
アプション
/ áːpʃən /

名 選択肢
派 形 **optional**（選択の）
例 have a lot of **options**
（たくさんの選択肢がある）

☑ 0625
oven
アヴン
/ ʌ́vən /　●発音

名 オーブン
例 a microwave **oven**（電子レンジ）

☑ 0626
painter
ペインタァ
/ pémtəʳ /

名 画家
派 動 **paint**（を絵の具で描く）
例 become a famous **painter**
（有名な画家になる）

☑ 0627
row
ロウ
/ rou /

名 (横の)列, 座席の列
例 sit in the front **row**（最前列に座る）

☑ 0628
parking
パーキング
/ páːᵃkɪŋ /

名 駐車
派 動 **park**（を駐車する）
例 a **parking** lot（駐車場）

☑ 0629
passenger
パセンヂァ
/ pǽsɪndʒəʳ /　🎤アク

名 乗客
例 a railway **passenger**（列車の乗客）

☑ 0630	**planner** プラナァ / plǽnəʳ /　　●発音	名 計画者, 都市計画立案者 派 動 **plan**（の計画を立てる） 例 a city **planner**（都市計画立案者）
☑ 0631	**plate** プレイト / pleɪt /	名 （浅い）皿 例 a paper **plate**（紙皿）
☑ 0632	**policy** パリスィ / pάːləsi /	名 政策 派 名 **police**（警察） 例 government **policies**（政府の方針）
☑ 0633	**health** ヘルス / helθ /	名 健康 派 形 **healthy**（健康な） 例 be good for a person's **health** （人の健康に良い）
☑ 0634	**principal** プリンスィパル / prínsəpəl /	名 校長 例 the **principal**'s office（校長室）
☑ 0635	**puppy** パピィ / pʌ́pi /	名 子犬 例 have a **puppy**（子犬を飼っている）
☑ 0636	**quiz** クウィズ / kwɪz /	名 小テスト 例 do well on a **quiz**（小テストで良い成績を取る）
☑ 0637	**raincoat** レインコウト / réɪnkoʊt /　　🎤アク	名 レインコート 例 wear a **raincoat**（レインコートを着ている）
☑ 0638	**rainforest** レインフォーレスト / réɪnfɔ̀ːrəst /	名 熱帯雨林 例 cut down **rainforests**（熱帯雨林を伐採する）

☑ 0639

danger

ディンヂァ
/ déɪndʒəˀ /
●発音

名 危険（となるもの）

派 形 **dangerous**（危険な）
例 a **danger** to some trees
（ある種の木々に危険を及ぼすもの）

☑ 0640

arrival

アライヴァル
/ əráɪvəl /

名 到着

派 動 **arrive**（到着する）
例 a train's **arrival** time（列車の到着時刻）

☑ 0641

rocket

ラケト
/ rɑ́ːkɪt /
🎤アク

名 ロケット

例 use plastic bottles to make **rockets**
（ペットボトルを使ってロケットを作る）

☑ 0642

university

ユーニヴァ〜スィティ
/ jùːnɪvə́ːˀsəṭi /

名 大学

例 study at a **university** in England
（イングランドの大学で学ぶ）

☑ 0643

route

ルート
/ ruːt /

名 道筋

例 a **route** between Europe and India
（ヨーロッパとインドを結ぶルート）

☑ 0644

runner

ラナァ
/ rʌ́nəˀ /
●発音

名 走る人, ランナー

派 動 **run**（走る）
例 a marathon **runner**（マラソンの走者）

☑ 0645

character

キャラクタァ
/ kǽrəktəˀ /
🎤アク

名 登場人物

派 形 **characteristic**（特徴的な）
例 the **characters** in a story
（物語の登場人物たち）

☑ 0646

sample

サンプル
/ sǽmpəl /

名 見本, サンプル

派 名 **sampling**（見本抽出）
例 a free **sample** of chocolate
（チョコレートの試供品）

☑ 0647

beginning

ビギニング
/ bɪɡínɪŋ /

名 初め

派 動 **begin**（を始める）
例 at the **beginning** of the 20th century
（20世紀初頭に）

☑ 0648	**sight** サイト / saɪt /	名 眺め 例 see the **sights** of Kyoto （京都の名所見物をする）
☑ 0649	**security** スィ**キュ**アリティ / sɪkjʊ́ərəṭi /	名 安全保障, 警備 派 形 **secure**（安全な） 例 Internet **security** （インターネットセキュリティー）
☑ 0650	**scene** ス**ィ**ーン / siːn /	名 場面 派 名 **scenery**（景色） 例 scary **scenes** in a movie （映画中の怖いシーン）
☑ 0651	**shellfish** シェルフィシ / ʃélfɪʃ /	名 貝 例 eat **shellfish**（貝を食べる）
☑ 0652	**shortage** ショーティヂ / ʃɔ́ːʳṭɪdʒ /	名 不足 派 形 **short**（不足した） 例 a **shortage** of employees（従業員の不足）
☑ 0653	**shuttle** シャトゥル / ʃʌ́ṭl /	名 シャトル便（のバスなど） 例 a **shuttle** bus（シャトルバス）
☑ 0654	**signal** ス**ィ**グナル / sígnəl /	名 信号 派 動 **sign**（に合図する） 例 obey traffic **signals**（交通信号に従う）
☑ 0655	**silver** ス**ィ**ルヴァ / sílvəʳ /	名 銀 例 a **silver** necklace（銀のネックレス）
☑ 0656	**sledding** スレディング / slédɪŋ /	名 そり滑り 派 動 **sled**（そりに乗る） 例 a dog **sledding** race（犬ぞりレース）

☑ 0657
softball
ソーフトゥボール
/ sɔ́ːfbɔːl /
🎤アク

名 ソフトボール
例 play **softball**（ソフトボールをする）

☑ 0658
solo
ソウロウ
/ sóulou /
🔊発音

名 独奏, 独唱
派 名 **soloist**（独奏者, 独唱者）
例 a guitar **solo**（ギターソロ）

☑ 0659
spell
スペル
/ spel /

名 （天候が続く）期間
例 a long **spell** of bad weather
（長く続く悪天候）

☑ 0660
species
スピーシーズ
/ spíːʃiːz /
🔊発音

名 種（しゅ）
例 find a new **species** of bird
（新種の鳥を見つける）

☑ 0661
stomach
スタマク
/ stʌ́mək /
🔊発音

名 胃
例 **stomach** medicine（胃薬）

☑ 0662
stranger
ストゥレインヂァ
/ stréindʒəʳ /

名 見知らぬ人, よそ者
派 形 **strange**（未知の）
例 talk to a complete **stranger**
（全く見ず知らずの人に話し掛ける）

☑ 0663
strength
ストゥレンクス
/ streŋθ /
🔊発音

名 力
派 動 **strengthen**（を強くする）
例 do **strength** training
（筋力トレーニングをする）

☑ 0664
sunshine
サンシャイン
/ sʌ́nʃain /
🎤アク

名 日光
例 spend time in the **sunshine**
（日差しを浴びて時間を過ごす）

まとめてCheck!	意味をPlus! ― sight
名 視力	lose one's **sight**（視力を失う）
名 視界	come into **sight**（視界に入ってくる, 見えてくる）

☑ 0665	**theme** スィーム / θíːm /　●発音	名 **主題, テーマ** 例 a **theme** park（テーマパーク）
☑ 0666	**matter** マタァ / mǽţər /	名 **困難** 例 What's the **matter**?（どうしたの？）
☑ 0667	**tunnel** タヌル / tʌ́nl /　●発音	名 **トンネル** 例 go through a **tunnel**（トンネルを通り抜ける）
☑ 0668	**user** ユーザァ / júːzər /	名 **使用者, ユーザー** 派 動 **use**（を使う） 例 an Internet **user**（インターネット利用者）
☑ 0669	**version** ヴァ〜ジョン / vɚ́ːʒən /	名 **版, バージョン** 例 a French **version** of the book （その本のフランス語版）
☑ 0670	**warning** ウォーニング / wɔ́ːrnɪŋ /　●発音	名 **警告** 派 動 **warn**（に警告する） 例 give a **warning** about a typhoon （台風に関する警報を出す）
☑ 0671	**leaf** リーフ / líːf /	名 **葉** 例 see the autumn **leaves**（紅葉を鑑賞する）
☑ 0672	**acting** アクティング / ǽktɪŋ /	名 **演技** 派 動 **act**（演じる） 例 take an **acting** class（演技の授業を受ける）
☑ 0673	**actress** アクトゥレス / ǽktrəs /	名 **女優** 派 名 **actor**（俳優） 例 a famous **actress** in the United States （米国の有名女優）

☑ 0674

alarm

アラーム
/ əlɑ́ːᵊm /

名 **目覚まし時計**

例 an **alarm** clock（目覚まし時計）

☑ 0675

factor

ファクタァ
/ fǽktəᵊ /

名 **要因**

例 an important **factor** in a person's success
（人が成功するための重要な要因）

☑ 0676

alien

エイリアン
/ éiliən /

名 **宇宙人, エイリアン**

例 a science fiction novel about **aliens**
（宇宙人に関する SF 小説）

☑ 0677

ancestor

アンセスタァ
/ ǽnsestəᵊ /　🔊アク

名 **先祖**

派 名 **ancestry**（家系）

例 share a common **ancestor**
（共通の祖先を持っている）

☑ 0678

anger

アンガァ
/ ǽŋgəᵊ /

名 **怒り**

派 形 **angry**（怒った）

例 control one's **anger**（怒りを抑える）

☑ 0679

angle

アングル
/ ǽŋgəl /

名 **角度, 観点**

例 see things from different **angles**
（物事をさまざまな観点から見る）

☑ 0680

aquarium

アクウェアリアム
/ əkwéəriəm /

名 **水族館**

例 build an **aquarium**（水族館を建てる）

☑ 0681

arena

アリーナ
/ əríːnə /

名 **競技場, アリーナ**

例 a track in an **arena**（競技場のトラック）

☑ 0682

argument

アーギュメント
/ ɑ́ːᵊgjəmənt /

名 **口論**

派 動 **argue**（口論する）

例 have an **argument**（口げんかする）

☑ 0683	**article** アーティクル / á:ʳṭɪkəl /	名 記事 例 write an **article** for a newspaper （新聞に記事を書く）
☑ 0684	**assistance** アスィスタンス / əsístəns /	名 助け, 援助 派 動 **assist**（を助ける） 例 ask for **assistance**（助力を求める）
☑ 0685	**athlete** アスリート / ǽθliːt /　🎤アク	名 運動選手 派 形 **athletic**（運動競技の） 例 an Olympic **athlete**（オリンピック出場選手）
☑ 0686	**audience** オーディエンス / ɔ́ːdiəns /	名 聴衆 例 a large **audience**（大観衆）
☑ 0687	**audition** オーディション / ɔːdíʃən /　🎤アク	名 オーディション 例 have an **audition**（オーディションを受ける）
☑ 0688	**dictionary** ディクショネリィ / díkʃəneri /	名 辞書 例 look up a word in a **dictionary** （辞書で単語を引く）
☑ 0689	**balance** バランス / bǽləns /　🎤アク	名 均衡 派 形 **balanced**（バランスの取れた） 例 strike a **balance** between work and leisure （仕事と余暇のバランスを取る）
☑ 0690	**behavior** ビヘイヴァ / bɪhéɪvjəʳ /	名 振る舞い, 行動 派 動 **behave**（振る舞う） 例 a pattern of **behavior**（行動様式）
☑ 0691	**bench** ベンチ / bentʃ /	名 ベンチ 例 sit on a **bench**（ベンチに座る）

動詞

名詞

形容詞・副詞など

☑ 0692
bookshelf

ブクシェルフ
/ bókʃelf /

名 本棚
例 get a book from a **bookshelf**
（本棚から本を取る）

☑ 0693
college

カレヂ
/ kάːlɪdʒ /

名 大学
例 go to **college**（大学に行く）

☑ 0694
bottom

バトム
/ bάːṭəm /

名 底
派 形 **bottomless**（底のない）
例 at the **bottom** of the sea（海底で）

☑ 0695
culture

カルチァ
/ kΛltʃəʳ /

名 文化
派 形 **cultural**（文化的な）
例 have one's own **culture**
（独自の文化を持っている）

☑ 0696
brief

ブリーフ
/ briːf /

名 要約
派 副 **briefly**（手短に）
例 in **brief**（要するに）

☑ 0697
museum

ミュズィーアム
/ mjuziːəm /   🎤アク

名 博物館
例 a science **museum**（科学博物館）

☑ 0698
businesswoman

ビズネスウゥマン
/ bíznəswùmən /

名 女性実業家
例 a successful **businesswoman**
（成功した女性実業家）

☑ 0699
button

バトゥン
/ bΛtn /

名 （スイッチなどの）**ボタン**
例 press a **button**（ボタンを押す）

☑ 0700
candle

キャンドゥル
/ kˈændl /

名 ろうそく
例 decorate a cake with **candles**
（ケーキをろうそくで飾る）

RANK B おさえておきたい重要単語

英検準2級形容詞・副詞など

☑ 0701

careless

ケアレス
/ kéərləs /

形 **不注意な**
派 名 **care**(注意）
例 a **careless** spelling mistake
（不注意なスペルミス）

☑ 0702

central

セントゥラル
/ séntrəl /

形 **中心の**
派 名 **center**（中心）
例 in the **central** part of the country
（その国の中心部に）

☑ 0703

colored

カラド
/ kʌ́ləʳd /

形 **色の付いた**
派 動 **color**（に色を付ける）
例 **colored** pencils（色鉛筆）

☑ 0704

correct

コレクト
/ kərékt /

形 **正しい**
派 副 **correctly**（正しく）
例 select the **correct** answer
（正しい答えを選択する）

☑ 0705

daily

デイリィ
/ déɪli /

形 **日常の**
派 名 **day**（日）
例 one's **daily** life（日常生活）

☑ 0706

dear

ディア
/ dɪəʳ /

形 （手紙で）**親愛なる**
例 **Dear** Mr. Boone,（ブーン様）

☑ 0707

elderly

エルダリィ
/ éldəʳli /

形 **年配の**
派 名 **elder**（年長者）
例 an **elderly** lady（年配の女性）

☑ 0708

flat

フラット
/ flæt /

形 **平らな**
派 動 **flatten**（を平らにする）
例 a **flat** disk（平らな円盤）

動詞

名詞

形容詞・副詞 など

☑ 0709 **lately**

レイトゥリィ / léitli /

副 最近

派 形 **late** (終わり近くの)

例 I haven't seen her **lately**.
(最近彼女を見ていない。)

☑ 0710 **anytime**

エニタイム / énitaim /

副 いつでも

例 E-mail me **anytime**.
(いつでもメールを下さい。)

☑ 0711 **loudly**

ラウドゥリィ / láudli /

副 大声で

派 形 **loud** (うるさい)

例 scream **loudly** (大声で叫ぶ)

☑ 0712 **honest**

アネスト / ά:nəst / ●発音

形 正直な

派 名 **honesty** (正直)

例 be **honest** with one's wife
(妻に隠し立てしない)

☑ 0713 **inexpensive**

イニクスペンスィヴ / inikspénsiv /

形 安い

例 an **inexpensive** way to advertise
(安上がりな宣伝方法)

☑ 0714 **least**

リースト / lí:st /

形 最も少ない (littleの最上級)

例 with the **least** amount of fuel
(最も少ない量の燃料で)

☑ 0715 **lovely**

ラヴリィ / lávli /

形 美しい

派 名 **love** (愛情)

例 **lovely** flowers in a garden (庭の美しい花)

まとめてCheck!	反意語をCheck!
careless	⇔ **careful** (注意深い)
correct	⇔ **wrong** (間違った)
honest	⇔ **dishonest** (不正直な)
inexpensive	⇔ **expensive** (高価な)

まとめてCheck!	意味をPlus! ── dear
形 かわいい	one's **dear** daughter ((自分の)かわいい娘)
名 (家族などに)おまえ, あなた	Good morning, my **dear**. (おはよう, あなた。)

■)) TRACK **043**

☑ 0716	**aside** アサイド / əsáɪd /	副 **わきへ** 例 put money **aside** for the future （将来のためにお金を取っておく）
☑ 0717	**magic** マヂク / mǽdʒɪk /	形 **奇術の** 派 名 **magician**（マジシャン） 例 do **magic** tricks（奇術をする）
☑ 0718	**national** ナショナル / nǽʃənəl /	形 **国の** 派 名 **nationality**（国籍） 例 take part in a **national** contest （全国大会に参加する）
☑ 0719	**near** ニア / nɪəʳ /	形 **近い** 派 副 **nearly**（ほとんど） 例 go to the **nearest** station（最も近い駅へ行く）
☑ 0720	**noisy** ノイズィ / nɔ́ɪzi /	形 **うるさい** 派 名 **noise**（騒音） 例 be too **noisy** to study （うるさくて勉強できない）
☑ 0721	**northern** ノーザン / nɔ́ːʳðəʳn /	形 **北の** 派 名 **north**（北） 例 a large city in **northern** Japan （北日本の大都市）
☑ 0722	**online** アンライン / ɑːnláɪn /	副 **オンラインで** 例 buy a ticket **online** （オンラインでチケットを買う）
☑ 0723	**original** オリヂナル / ərídʒənəl /	形 **原文の** 派 副 **originally**（元は） 例 read the **original** French version of a book （フランス語版の原本を読む）
☑ 0724	**scared** スケアド / skeəʳd /	形 **おびえた** 派 動 **scare**（を怖がらせる） 例 be **scared** of bears（熊におびえる）

114

☑ 0725

shiny

シャイニィ
/ ʃáini /

形 輝く

派 動 shine（輝く）
例 the **shiny** surface of a lake（輝く湖面）

☑ 0726

strict

ストゥリクト
/ stríkt /

形 厳しい

派 副 strictly（厳しく）
例 the **strict** security of a company
（会社の厳しい警備）

☑ 0727

thankful

サンクフル
/ θæŋkfəl /

形 感謝している

派 名 thank（感謝）
例 be very **thankful** to one's parents
（両親にとても感謝している）

☑ 0728

thin

スィン
/ θin /

形 薄い

例 a **thin** sheet of metal（金属の薄いシート）

☑ 0729

therefore

ゼアフォー(ァ)
/ ðéəfɔːʳ /

副 それ故に

例 The chair is made of cardboard. **Therefore**,
it's very light.
（その椅子は段ボールで出来ている。それ故とても軽い。）

☑ 0730

top

タップ
/ tɑːp /

形 一番上の

例 the **top** student in a class
（クラスでトップの生徒）

まとめてCheck!	派生語をPlus！── national	
nation	名 国家；国民	
nationalism	名 国家主義	

まとめてCheck!	関連語をCheck！── northern（北の）	
southern	南の	
eastern	東の	
western	西の	

まとめてCheck!	意味をPlus！── thin	
形 痩せた, 細い	a **thin** woman（痩せた女性）	
形 まばらな	**thin** hair（薄毛）	
形 (液体・気体などが)薄い	**thin** soup（薄いスープ）	

☑ 0731	**typical** ティピカル / típɪkəl /　　●発音	形 **いつもの** 派 名 **type**（典型） 例 a **typical** day at the office（会社での通常の日）
☑ 0732	**underground** アンダグラウンド / ʌndəˈɡraʊnd /　　🎤アク	形 **地下の** 例 use **underground** water（地下水を利用する）
☑ 0733	**worth** ワ〜ス / wəˑθ /	前 **〜の価値がある** 派 形 **worthy**（値する） 例 be **worth** over a million dollars （100万ドル以上の価値がある）
☑ 0734	**actually** アクチュアリィ / æktʃuəli /	副 **実は** 派 形 **actual**（実際の） 例 **Actually**, I didn't even know her name. （実は，彼女の名前すら知らなかった。）
☑ 0735	**additional** アディショナル / ədíʃənəl /	形 **追加の** 派 名 **addition**（追加） 例 if you need **additional** information （さらに情報が必要ならば）
☑ 0736	**alone** アロウン / əlóun /	形 **1人で** 例 live **alone** in an apartment （アパートで1人暮らしをする）
☑ 0737	**asleep** アスリープ / əslíːp /	形 **眠って** 派 名 **sleep**（眠り） 例 fall **asleep** in class（授業中に居眠りする）
☑ 0738	**aware** アウェア / əwéəʳ /	形 **気付いている** 派 名 **awareness**（知ること） 例 be **aware** that a person has lied （人がうそをついていることに気付いている）
☑ 0739	**bald** ボールド / bɔːld /	形 **はげた** 例 a **bald** man（頭のはげた男性）

☑ 0740

blind

ブラインド
/ blaɪnd /

形 目の見えない
例 help **blind** people
（目の見えない人々を助ける）

☑ 0741

broken

ブロウクン
/ bróʊkən /

形 壊れた
派 動 **break**（を壊す）
例 clear **broken** glass（割れたガラスを片付ける）

☑ 0742

confident

カンフィデント
/ kɑ́ːnfɪdənt /

形 自信のある
派 名 **confidence**（自信）
例 be **confident** that one will win a game
（試合に勝つことを確信している）

☑ 0743

criminal

クリミナル
/ krímɪnəl /

形 犯罪の
派 名 **crime**（犯罪）
例 promote **criminal** behavior
（犯罪行為を助長する）

☑ 0744

perhaps

パハップス
/ pəˈhæps /

副 ひょっとすると
例 **Perhaps** it will snow in the afternoon.
（もしかすると午後は雪になるかもしれない。）

☑ 0745

rather

ラザァ
/ rǽðəʳ /

副 むしろ
例 would **rather** stay home than go out
（出掛けるよりもむしろ家にいたい）

☑ 0746

well

ウェル
/ wel /

副 上手に
例 can swim **well**（上手に泳ぐことができる）

まとめてCheck!	派生語をPlus！—— blind	
blindly	副 盲目的に	
blindness	名 盲目	

まとめてCheck!	類語をCheck！——「おそらく／たぶん／ひょっとすると」
perhaps	確実性が低い場合に用いる
maybe	perhapsとほぼ同等の意味で用いる
probably	確実性が高い場合に用いる
possibly	perhapsよりもさらに確実性が低い場合に用いる

0747 ☑	**deep** ディープ / díːp /	形 **深い** 派 名 **depth** (深さ) 例 be three meters **deep** (深さが 3 メートルある)
0748 ☑	**delicate** デリカト / délɪkət /　●発音	形 **繊細な** 派 名 **delicacy** (繊細さ) 例 the **delicate** balance of nature (自然の微妙なバランス)
0749 ☑	**enjoyable** エンヂョイアブル / ɪndʒɔ́ɪəbəl /	形 **楽しめる** 派 動 **enjoy** (を楽しむ) 例 have a very **enjoyable** experience (とても楽しい体験をする)
0750 ☑	**environmental** エンヴァイアランメントル / ɪnvàɪərənméntl /	形 **環境の** 派 名 **environment** (環境) 例 discuss **environmental** problems (環境問題を話し合う)
0751 ☑	**equal** イークウァル / íːkwəl /　●発音	形 **平等な** 派 名 **equality** (平等) 例 demand **equal** rights for all people (全ての人々に平等な権利を要求する)
0752 ☑	**evergreen** エヴァグリーン / évəˈgriːn /	形 **常緑の** 例 an **evergreen** tree (常緑樹)
0753 ☑	**western** ウェスタン / wéstəˈn /	形 **西の** 派 名 **west** (西) 例 in some **Western** countries (いくつかの西洋の国々では)
0754 ☑	**fashionable** ファショナブル / fǽʃənəbəl /	形 **流行の** 派 名 **fashion** (流行) 例 become **fashionable** in Japan (日本ではやる)
0755 ☑	**fairly** フェアリィ / féəˈli /	副 **かなり** 派 形 **fair** (かなりの) 例 be **fairly** well known (かなりよく知られている)

☑ 0756 **female**
フィーメイル
/ fíːmeɪl /

形 女性の
例 a **female** teacher（女性の教師）

☑ 0757 **lifelong**
ライフローング
/ láɪflɔːŋ /

形 一生の
例 one's **lifelong** friend（一生の友）

☑ 0758 **recently**
リーセントゥリィ
/ ríːsəntli /

副 最近
派 形 **recent**（最近の）
例 be busy at work **recently**（最近仕事で忙しい）

☑ 0759 **giant**
ヂャイアント
/ dʒáɪənt /

形 巨大な
例 design a **giant** plane
（巨大な飛行機を設計する）

☑ 0760 **intelligent**
インテリヂェント
/ ɪntélɪdʒənt /

形 聡明な
派 名 **intelligence**（知能）
例 a highly **intelligent** animal
（非常に知能の高い動物）

☑ 0761 **likely**
ライクリィ
/ láɪkli /

形 ありそうに思われる
派 名 **likelihood**（可能性）
例 be **likely** to get sick（病気にかかりやすい）

☑ 0762 **mixed**
ミクスト
/ mɪkst /

形 混じった
派 動 **mix**（を混ぜる）
例 **mixed** feelings of joy and anxiety
（喜びと不安の入り混じった気持ち）

☑ 0763 **nearby**
ニアバイ
/ nìəˀbáɪ /

副 近くに
例 people living **nearby**（近くに住んでいる人々）

まとめてCheck!	意味をPlus！── deep	
形 奥深い	a **deep** forest（深い森）	
形 （呼吸などが）深い	take a **deep** breath（深呼吸する）	
副 深く	go **deep** into the sea（海深く潜る）	

☑ 0764

negative

ネガティヴ
/ néɡət̬ɪv /

形 否定的な
例 the **negative** effects of physical punishment
（体罰の良くない影響）

☑ 0765

certainly

サ〜トゥンリィ
/ sɜ́ːrtnli /

副 確かに
派 形 **certain**（確信している）
例 be **certainly** risky（確かに危険である）

☑ 0766

forward

フォーワド
/ fɔ́ːrwərd /
🎤アク

副 前方へ
例 go **forward** smoothly（前方に滑らかに進む）

☑ 0767

ordinary

オードゥネリィ
/ ɔ́ːrdneri /

形 普通の
派 副 **ordinarily**（普通に）
例 **ordinary** people（庶民）

☑ 0768

personal

パ〜ソナル
/ pə́ːrsənal /

形 個人の
派 名 **personality**（個性）
例 protect **personal** information
（個人情報を守る）

☑ 0769

plain

プレイン
/ pleɪn /

形 質素な
派 副 **plainly**（質素に）
例 have a **plain** doughnut
（プレーンドーナツを食べる）

☑ 0770

polite

ポライト
/ pəláɪt /

形 礼儀正しい
派 副 **politely**（丁寧に）
例 be **polite** to one's guest
（客に対して礼儀正しい）

☑ 0771

instead

インステッド
/ ɪnstéd /

副 （その）代わりに
例 Would you like tea **instead**?
（代わりに紅茶はいかがですか。）

☑ 0772

probably

プラバブリィ
/ prɑ́ːbəbli /

副 おそらく
派 形 **probable**（ありそうな）
例 be **probably** difficult for children
（おそらく子どもには難しい）

単語編

RANK
B

動詞

名詞

形容詞・副詞 など

☑ 0773
rare
レア
/ reəʳ /

形 **まれな**
派 副 **rarely** (めったに〜ない)
例 a **rare** chance to watch wild foxes
（野生のキツネを見るまれな機会）

☑ 0774
smooth
スムーズ
/ smuːð /　　　●発音

形 **滑らかな**
派 副 **smoothly** (滑らかに)
例 the **smooth** shape of a teacup
（ティーカップの滑らかな形）

☑ 0775
snowy
スノウィ
/ snóui /

形 **雪の多い**
派 名 **snow** (雪)
例 be famous for being very **snowy**
（雪が非常に多いことで有名である）

☑ 0776
southern
サザン
/ sʌ́ðəʳn /　　　●発音

形 **南の**
派 名 **south** (南)
例 a country in **southern** Africa
（アフリカ南部の国）

☑ 0777
stressed
ストゥレスト
/ strest /

形 **ストレスがたまった**
派 動 **stress** (を緊張させる)
例 feel **stressed** at a ceremony
（式典でストレスを感じる）

☑ 0778
surprising
サプライズィング
/ səʳpráɪzɪŋ /

形 **驚くべき**
派 動 **surprise** (を驚かせる)
例 make a **surprising** discovery
（驚くべき発見をする）

まとめてCheck!	類語をCheck!──「普通の」
ordinary	同類のものと比べ特に違ったところがないことを表す
common	よく見掛け、並みであることを表す
general	ほとんどの場合に当てはまるということを表す
usual	頻度が高く、よく起こることを表す

まとめてCheck!	意味をPlus!── plain	
形 明白な	It was **plain** that he was lying.	(彼がうそをついているのは明らかだった。)
名 平野	the Kanto **Plain**	(関東平野)

まとめてCheck!	意味をPlus!── smooth	
形 (動きなどが)滑らかな	in one **smooth** motion	(滑らかな動きで)
動 を滑らかにする	**smooth** the sheets	(シーツのしわを伸ばす)

☑ 0779	**tasty** テイスティ / téɪsti /	形 おいしい 派 名 **taste**（味） 例 look very **tasty**（とてもおいしそうである）
☑ 0780	**tiny** タイニィ / táɪni /	形 とても小さい 例 a baby's **tiny** hands （赤ちゃんのとても小さい手）
☑ 0781	**unable** アネイブル / ʌnéɪbəl /	形 できない 例 be **unable** to make enough money （十分なお金を稼ぐことができない）
☑ 0782	**unhealthy** アンヘルスィ / ʌnhélθi /	形 不健康な 派 名 **health**（健康） 例 eat **unhealthy** food （健康に良くない食品を食べる）
☑ 0783	**unlikely** アンライクリィ / ʌnláɪkli /	形 ありそうもない 派 前 **unlike**（〜と違って） 例 be **unlikely** to happen（起こりそうもない）
☑ 0784	**valuable** ヴァリャブル / vǽljəbəl /　●発音	形 価値のある 派 名 **value**（価値） 例 gain **valuable** experience （貴重な経験を得る）
☑ 0785	**dead** デッド / ded /	形 死んだ 派 動 **die**（死ぬ） 例 dream about a **dead** person （死んだ人の夢を見る）
☑ 0786	**violent** ヴァイオレント / váɪələnt /	形 暴力的な 派 名 **violence**（暴力） 例 commit a **violent** crime（凶悪犯罪を犯す）
☑ 0787	**separately** セプレトゥリィ / séprətli /　●発音	副 別々に 派 形 **separate**（別々の） 例 live **separately** from one's parents （両親と離れて暮らす）

☑ 0788

acceptable

アクセプタブル
/ əkséptəbəl /

形 受け入れられる

派 動 **accept**（を受け入れる）
例 be socially **acceptable** in Japan
（日本で社会的に受け入れられている）

☑ 0789

honestly

アネストゥリィ
/ ɑ́:nəstli /
● 発音

副 正直に

派 形 **honest**（正直な）
例 answer **honestly**（正直に答える）

☑ 0790

active

アクティヴ
/ ǽktɪv /

形 活動的な

派 名 **activity**（活動）
例 live an **active** life（活動的な生活をする）

☑ 0791

otherwise

アザワイズ
/ ʌ́ðəˈwaɪz /

副 さもなければ

例 Dress warmly; **otherwise**, you'll catch cold.
（暖かい服装をしなさい。さもなければ風邪を
ひきますよ。）

☑ 0792

alive

アライヴ
/ əláɪv /

形 生きている

派 動 **live**（生きる）
例 stay **alive** in dangerous situations
（危険な状況の中で生き延びる）

☑ 0793

annual

アニュアル
/ ǽnjuəl /

形 年1度の

派 副 **annually**（毎年）
例 attend an **annual** conference
（年次大会に出席する）

☑ 0794

silently

サイレントゥリィ
/ sáɪləntli /

副 静かに

派 形 **silent**（静かな）
例 wait **silently** for one's turn
（静かに順番を待つ）

☑ 0795

audio

オーディオウ
/ ɔ́:dioʊ /

形 音声の

例 listen to an **audio** guide（音声の案内を聞く）

まとめてCheck!	派生語をPlus！── dead	
deadly	形 致命的な	
death	名 死	

☑ 0796
key

キー
/ kiː /

形 重要な
例 play a **key** role（重要な役割をする）

☑ 0797
capable

ケイパブル
/ kéɪpəbəl /

形 能力がある
派 名 **capability**（能力）
例 be **capable** of doing the job
（その仕事をする能力がある）

☑ 0798
classical

クラスィカル
/ klǽsɪkəl /

形 クラシックの
派 名 **classic**（古典）
例 play **classical** guitar
（クラシックギターを演奏する）

☑ 0799
socially

ソウシャリィ
/ sóʊʃəli /

副 社会的に
派 形 **social**（社会の）
例 be **socially** isolated（社会的に孤立している）

☑ 0800
physically

フィズィクリィ
/ fízɪkli /
●発音

副 身体的に
派 形 **physical**（身体の）
例 stay **physically** healthy
（肉体的に健康な状態を保つ）

☑ 0801
clever

クレヴァ
/ klévəʳ /

形 利口な
例 have a **clever** idea（うまい考えを持っている）

☑ 0802
annually

アニュアリィ
/ ǽnjuəli /

副 毎年
派 形 **annual**（年1度の）
例 be held **annually** in Japan
（日本で毎年開催される）

☑ 0803
wide

ワイド
/ waɪd /

形 広い, 広範囲の
派 名 **width**（幅の広さ）
例 produce a **wide** variety of cars
（さまざまな種類の自動車を生産する）

☑ 0804
concerned

コンサ〜ンド
/ kənsə́ːʳnd /

形 心配して
派 動 **concern**（を心配させる）
例 be **concerned** about one's health
（健康を気に掛けている）

☑ 0805 **creative**

クリエイティヴ
/ kriéɪṭɪv /

形 独創的な
派 動 **create** (を創造する)
例 a **creative** way to solve a problem
(問題を解決する独創的な方法)

☑ 0806 **curious**

キュアリアス
/ kjúəriəs /

形 好奇心の強い
派 名 **curiosity** (好奇心)
例 entertain **curious** spectators
(好奇心の強い観客を楽しませる)

☑ 0807 **delighted**

ディライティド
/ dɪláɪṭɪd /

形 喜んで
派 動 **delight** (を大喜びさせる)
例 be **delighted** to see everything go well
(全てがうまくいっているのを見て喜ぶ)

☑ 0808 **kind**

カインド
/ kaɪnd /

形 親切な
派 名 **kindness** (親切)
例 be **kind** to one's neighbors
(隣人に対して親切である)

☑ 0809 **digital**

ディヂトゥル
/ dídʒɪṭl̩ /
●発音

形 デジタルの
例 buy a **digital** camera (デジタルカメラを買う)

☑ 0810 **seldom**

セルダム
/ séldəm /

副 めったに～ない
例 **seldom** watch TV (めったにテレビを見ない)

まとめてCheck!	意味をPlus! ―― key
名 鍵	car **keys** (車の鍵)
名 秘訣(ひけつ)	the **key** to success (成功の秘訣)

まとめてCheck!	類語をCheck! ――「利口な」
clever	頭の回転が速い, ずる賢い
smart	頭の回転が速く優れた判断ができる
intelligent	知能が高く論理的な思考に優れる
wise	知識や経験に基づいて分別のある判断ができる
まとめてCheck!	派生語をPlus! ―― creative
creativity	名 独創性
creation	名 創造
creator	名 創造者

この章の学習記録を付ける

覚えたことを定着させるには,「繰り返し復習すること」が大切です。
この章の学習を一通り終えたら,下の学習記録シートに日付を書き
込み,履歴を残しましょう。

1	2	3	4	5	6	7	8	9	10
/	/	/	/	/	/	/	/	/	/
11	12	13	14	15	16	17	18	19	20
/	/	/	/	/	/	/	/	/	/
21	22	23	24	25	26	27	28	29	30
/	/	/	/	/	/	/	/	/	/
31	32	33	34	35	36	37	38	39	40
/	/	/	/	/	/	/	/	/	/
41	42	43	44	45	46	47	48	49	50
/	/	/	/	/	/	/	/	/	/

MEMO

RANK

ここで差がつく重要単語

RANK **C** で掲載されているのは英検準2級を受検するにあたって、知っているか否かで差がつくような重要単語です。ここに掲載されている単語をマスターすれば、ハイスコアを狙える確かな語彙力が身に付いているはずです。

RANK
C

ここで差がつく重要単語

英検準2級動詞

☑ 0811
intend
インテンド
/ ɪnténd /

動 **つもりである**
派 名 **intention**（意図）
例 **intend** to eat breakfast at 6 a.m.
（朝6時に朝食を食べるつもりである）

☑ 0812
lock
ラック
/ lɑːk /

動 **に鍵を掛ける**
派 形 **lockable**（鍵が掛けられる）
例 **lock** one's car door quickly
（急いで車の鍵を掛ける）

☑ 0813
occupy
アキュパイ
/ ɑ́ːkjəpaɪ /

動 **を占める**
派 名 **occupation**（占拠，職業）
例 All the seats are **occupied**.
（全ての席が埋まっています。）

☑ 0814
promote
プロモウト
/ prəmóʊt /

動 **を昇進させる**
派 名 **promotion**（昇進）
例 be **promoted** to sales director at one's
company（会社で営業部長に昇進する）

☑ 0815
propose
プロポウズ
/ prəpóʊz /

動 **結婚を申し込む**
派 名 **proposal**（プロポーズ，提案）
例 **propose** to one's girlfriend on Christmas
Day（クリスマスの日に彼女にプロポーズする）

☑ 0816
require
リクワイア
/ rɪkwáɪəʳ /

動 **を必要とする**
派 名 **requirements**（必要品）
例 **require** a knife and fork to eat
（食べるのにナイフとフォークを必要とする）

☑ 0817
scream
スクリーム
/ skriːm /

動 **叫び声を上げる**
派 副 **screamingly**（極端に）
例 **scream** at the top of one's voice for help
（助けを求めて声の限り叫ぶ）

☑ 0818
separate
セパレイト
/ sépəreɪt /
🎤 アク

動 **を分ける**
派 名 **separation**（分離）
例 **separate** soap into different types
（せっけんをタイプ別に分ける）

☑ 0819	**brush** ブラシ / brʌʃ /	動 にブラシをかける 例 **brush** one's shoes（靴をブラシで磨く）
☑ 0820	**shut** シャット / ʃʌt /	動 を閉鎖する 派 名 **shutter**（よろい戸，シャッター） 例 **shut** down the factory next month （来月工場を閉鎖する）
☑ 0821	**slip** スリップ / slɪp /	動 滑る 派 形 **slippery**（よく滑る） 例 **slip** on stairs and fall down （階段で滑って落ちる）
☑ 0822	**spill** スピル / spɪl /	動 をこぼす 派 名 **spillage**（こぼすこと） 例 **spill** water on a customer's clothes （客の服に水をこぼす）
☑ 0823	**stretch** ストゥレッチ / stretʃ /	動 を引き伸ばす 派 名 **stretcher**（担架） 例 **stretch** a rubber band like chewing gum （輪ゴムをチューインガムのように引き伸ばす）
☑ 0824	**survive** サヴァイヴ / səˈváɪv /	動 生き延びる 派 名 **survival**（生存） 例 **survive** without food or water for days （数日間食べ物や水なしで生き延びる）
☑ 0825	**trap** トゥラップ / træp /	動 を閉じ込める 例 be **trapped** in ice（氷の中に閉じ込められる）
☑ 0826	**whisper** フウィスパァ / hwíspəʴ /	動 をささやく 例 **whisper** a person's name tenderly （優しく人の名前をささやく）

まとめてCheck!	語源をCheck！── tend「張る/広げる」
intend	in(中に)＋tend(広げる)→（つもりである）
attend	a(…に向かって)＋tend(張る)→（に出席する）
extend	ex(外へ)＋tend(広げる)→（を伸ばす，延ばす）
pretend	pre(前に)＋tend(広げる)→（のふりをする）

■)) TRACK **050**

☑ 0827 **wound**
ウーンド
/ wuːnd /

動 を傷つける
派 形 **wounded** (傷ついた)
例 be **wounded** after being shot
（銃で撃たれて負傷する）

☑ 0828 **refresh**
リフレッシ
/ rɪfréʃ /

動 をさっぱりさせる
派 形 **refreshing** (さわやかな)
例 **refresh** oneself by taking a shower
（シャワーを浴びてさっぱりする）

☑ 0829 **access**
ア**ク**セス
/ ǽkses /

動 にアクセスする
派 形 **accessible** (アクセスできる)
例 **access** the Internet at a hotel
（ホテルからインターネットにアクセスする）

☑ 0830 **admire**
アドゥ**マ**イア
/ ədmáɪəʳ /

動 に感心する
派 形 **admirable** (称賛に値する)
例 **admire** people who speak English well
（英語を上手に話す人に感心する）

☑ 0831 **consider**
コン**ス**ィダ
/ kənsídəʳ /

動 をよく考える
派 名 **consideration** (熟考)
例 **consider** the effects of the chemicals
（化学薬品の影響について熟慮する）

☑ 0832 **affect**
ア**フェ**クト
/ əfékt /

動 に影響を及ぼす
派 名 **affection** (愛情)
例 **affect** people's health
（人々の健康に影響を及ぼす）

☑ 0833 **camp**
キャンプ
/ kǽmp /

動 キャンプする
派 名 **camping** (キャンプ)
例 go **camping** in winter with one's father
（冬に父とキャンプに行く）

☑ 0834 **apologize**
ア**パ**ロヂャイズ
/ əpɑ́ːlədʒaɪz /

動 謝罪する
派 名 **apology** (謝罪)
例 **apologize** to customers for the inconvenience （客に不便を掛けたことを謝る）

☑ 0835 **appeal**
ア**ピ**ール
/ əpíːl /

動 (人心に)訴える, 興味を引く
派 形 **appealing** (人の心を動かすような)
例 **appeal** to parents with young children
（幼い子どものいる親にうける）

START
25%   50%   75%   100%
1550語

単語編

RANK
C

動詞

名詞

形容詞・副詞など

☑ 0836

argue

アーギュー
/ άːʳgjuː /

動 論争する

派 名 **argument**（論争）

例 **argue** with one's father about one's future
（父と将来について言い争う）

☑ 0837

arrest

アレスト
/ arést /

動 を逮捕する

派 形 **arresting**（注意を引く，目立つ）

例 be **arrested** by the police（警察に逮捕される）

☑ 0838

babysit

ベイビィスィト
/ béɪbìsɪt /

動 の子守をする

派 名 **babysitter**（ベビーシッター）

例 **babysit** one's sister all day long
（一日中妹の子守をする）

☑ 0839

bend

ベンド
/ bend /

動 を曲げる

派 形 **bendable**（曲げることのできる）

例 **bend** one's knees and curl up
（ひざを曲げて体を丸める）

☑ 0840

blame

ブレイム
/ bleɪm /

動 を責める

派 形 **blameless**（非難するところのない）

例 **blame** a person for fire
（火事の責任を人に負わせる）

☑ 0841

bloom

ブルーム
/ bluːm /

動 花咲く

派 名 **bloomer**（開花する植物，才能を発揮する人）

例 **bloom** at the end of March
（3月の終わりに花咲く）

☑ 0842

bore

ボー(ァ)
/ bɔːʳ /

動 を退屈させる

派 形 **bored**（退屈した）

例 be **bored** with one's job（仕事に退屈する）

☑ 0843

maintain

メインテイン
/ meɪntéɪn /

動 を維持する

派 名 **maintenance**（維持）

例 **maintain** peaceful relations with a neighboring
country（隣国と平和な関係を維持する）

まとめてCheck!	意味をPlus！── access	
名 近づきやすさ	a house with easy **access** to the city hall（市役所のすぐ近くにある家）	
名 (利用する)権利	have **access** to a library（図書館を使うことができる）	

☑ 0844	**broadcast** ブロードゥキャスト / brɔ́ːdkæst /　　●発音 🎤アク	動 **を放送する** 派 名 **broadcaster** (アナウンサー) 例 **broadcast** lessons over a radio network (ラジオ放送で授業を放送する)
☑ 0845	**burst** バ〜スト / bɑːˈst /	動 **突然(の状態に)なる** 例 **burst** into laughter (突然笑いだす)
☑ 0846	**calm** カーム / kɑːm /　　●発音	動 **を静める** 派 副 **calmly** (静かに) 例 **calm** a crying baby (泣いている赤ちゃんをなだめる)
☑ 0847	**canoe** カヌー / kənúː /　　●発音 🎤アク	動 **カヌーをこぐ** 派 名 **canoeist** (カヌーのこぎ手) 例 learn how to **canoe** (カヌーのこぎ方を学ぶ)
☑ 0848	**concentrate** カンセントゥレイト / kɑ́ːnsəntreɪt /　　🎤アク	動 **集中する** 派 名 **concentration** (集中) 例 **concentrate** on one's English homework (英語の宿題に集中する)
☑ 0849	**concern** コンサ〜ン / kənsə́ːˈn /	動 **を心配させる** 派 形 **concerned** (心配そうな) 例 be **concerned** about garbage on the beach (ビーチのごみを気に掛ける)
☑ 0850	**cough** コーフ / kɔːf /　　●発音	動 **せきをする** 派 名 **coughing** (せき込むこと) 例 have a fever and keep **coughing** (熱がありせきが続いている)
☑ 0851	**criticize** クリティサイズ / krítəsaɪz /	動 **を非難する** 派 名 **critic** (批評家) 例 be **criticized** by a number of people (何人もの人から非難される)
☑ 0852	**cycle** サイクル / sáɪkəl /	動 **自転車に乗る** 派 名 **cycling** (サイクリング) 例 **cycle** to school every weekday (平日は毎日自転車で学校へ行く)

depart ☑ 0853

ディパート
/ dɪpáːʰt /

動 出発する
派 名 **departure** (出発)
例 **depart** from London for Brussels
（ロンドンからブリュッセルに向けて出発する）

destroy ☑ 0854

ディストゥロイ
/ dɪstrɔ́ɪ /

動 を破壊する
派 名 **destruction** (破壊)
例 **destroy** an important road (要路を破壊する)

disagree ☑ 0855

ディサグリー
/ dìsəgríː /

動 意見が合わない
派 名 **disagreement** (意見の相違)
例 completely **disagree** with one's parents
（両親と全く意見が合わない）

disappear ☑ 0856

ディサピア
/ dìsəpíəʰ /

動 姿を消す
派 名 **disappearance** (消失)
例 **disappear** from the menu of a restaurant
（レストランのメニューから姿を消す）

dislike ☑ 0857

ディスライク
/ dɪsláɪk /

動 を嫌う
例 **dislike** traveling by air (飛行機の旅が嫌いだ)

disturb ☑ 0858

ディスタ～ブ
/ dɪstə́ːʰb /

動 を妨げる
派 名 **disturbance** (妨害)
例 **disturb** other people during an English listening test
（英語のリスニングテスト中に他の人を邪魔する）

double ☑ 0859

ダブル
/ dʌ́bəl /

動 を2倍にする
例 **double** the number of foreign travelers
（外国人旅行者の数を2倍にする）

まとめてCheck!	派生語をPlus! —— criticize
criticism	名 非難；批評
critical	形 批判的な；重大な

まとめてCheck!	反意語をCheck!
disagree	⇔ **agree**(意見が一致する)
disappear	⇔ **appear**(現れる)
dislike	⇔ **like**(が好きである)

☑ 0860	**download** ダウンロウド / dáunloud / 🎤アク	動 をダウンロードする 派 形 **downloadable**（ダウンロードできる） 例 **download** music to one's smartphone （スマートフォンに音楽をダウンロードする）
☑ 0861	**educate** エデュケイト / édʒəkeɪt / 🎤アク	動 を教育する 派 名 **education**（教育） 例 **educate** students about the importance of exercise （生徒たちに運動の大切さについて教育する）
☑ 0862	**establish** イス**タ**プリシ / ɪstǽblɪʃ /	動 を設立する 派 名 **establishment**（設立） 例 **establish** colonies in three regions （3つの地域に植民地を設ける）
☑ 0863	**exist** イグ**ズ**ィスト / ɪgzíst /	動 存在する 派 名 **existence**（存在） 例 **exist** on earth for over a hundred-million years（1億年以上も地球上に存在する）
☑ 0864	**expand** イクス**パ**ンド / ɪkspǽnd /	動 を拡大する 派 名 **expansion**（拡大） 例 **expand** business in Asia （アジアで事業を拡大する）
☑ 0865	**extend** イクス**テ**ンド / ɪksténd /	動 を延ばす 派 名 **extent**（広さ） 例 **extend** the lives of patients （患者の寿命を延ばす）
☑ 0866	**freeze** フリーズ / fríːz /	動 を凍らせる 派 形 **frozen**（凍った） 例 be **frozen** in winter（冬に凍る）
☑ 0867	**govern** ガヴァン / gʌ́vəʳn /	動 を統治する 派 名 **government**（政府） 例 **govern** a country（国を統治する）
☑ 0868	**grab** グラブ / grǽb /	動 をひっつかむ 派 名 **grabber**（がめつい人） 例 **grab** a snack or beverage （軽食や飲み物を素早く取る）

START
25%　50%　75%　100%
1550語

単語編

RANK
C

動詞

名詞

形容詞・副詞など

☑ 0869
grill
グリル
/ gríl /

動 を網焼きにする
派 名 **grilling**（網焼き）
例 **grill** salmon and vegetables
（鮭と野菜を網の上で焼く）

☑ 0870
harm
ハーム
/ hɑːｒm /

動 を害する
派 形 **harmful**（有害な）
例 **harm** people and damage crops
（人々や作物に害を与える）

☑ 0871
contact
カンタクト
/ kɑ́ːntækt /

動 と連絡を取る
派 形 **contactable**（連絡可能な）
例 **contact** one's friend who is living abroad
（海外にいる友人と連絡を取る）

☑ 0872
import
インポート
/ impɔ́ːｒt /

動 を輸入する
例 **import** clothing from the United States
（アメリカから衣類を輸入する）

☑ 0873
insist
インスィスト
/ insíst /

動 主張する
派 名 **insistence**（主張）
例 strongly **insist** on one's idea
（自分のアイデアを強く主張する）

☑ 0874
inspire
インスパイア
/ inspáiəｒ /

動 を鼓舞する
派 名 **inspiration**（刺激）
例 **inspire** people not to give up
（諦めないようにと人々を鼓舞する）

☑ 0875
involve
インヴァルヴ
/ invɑ́ːlv /

動 を巻き込む
派 名 **involvement**（巻き込むこと）
例 get **involved** in a friend's problems
（友人の問題に巻き込まれる）

☑ 0876
knock
ナック
/ nɑːk /

動 ノックする
例 **knock** on the door and call a person's name
（ドアをノックし人の名前を呼ぶ）

まとめてCheck!	反意語をCheck!
download	⇔ **upload**（をアップロードする）
freeze	⇔ **melt**（を溶かす、解かす）
import	⇔ **export**（を輸出する）

☑ 0877	**lower** ロウア / lóuə^r /	動 を低くする 派 形 **low**（低い） 例 **lower** fuel costs（燃料費を下げる）
☑ 0878	**wave** ウェイヴ / weiv /	動 （手・ハンカチなど）を振る 派 形 **wavy**（揺れる） 例 **wave** one's hand at a person（人に手を振る）
☑ 0879	**manage** マネヂ / mǽnidʒ / ●発音 ●アク	動 どうにかして～する 派 名 **management**（取り扱い） 例 **manage** to get tickets for a concert （どうにかしてコンサートのチケットを入手する）
☑ 0880	**march** マーチ / mɑː^rtʃ /	動 行進する 派 名 **marcher**（徒歩行進者） 例 soldiers **marching** through the streets （通りを行進する兵士たち）
☑ 0881	**obey** オウベイ / oubéi / ●アク	動 に従う 派 名 **obedience**（服従） 例 **obey** the rules of each society （それぞれの社会のルールに従う）
☑ 0882	**operate** アペレイト / ɑ́:pəreit / ●アク	動 を運転する 派 名 **operation**（運転） 例 **operate** machines （機械を操作する）
☑ 0883	**choose** チューズ / tʃuːz /	動 を選ぶ 派 名 **choice**（選択） 例 **choose** three countries to visit （訪れる3つの国を選ぶ）
☑ 0884	**tease** ティーズ / tiːz /	動 をからかう 例 **tease** a person about his/her looks （外見のことで人をからかう）
☑ 0885	**participate** パーティスィペイト / pɑː^rtísipeit / ●アク	動 参加する 派 名 **participation**（参加） 例 **participate** in a school play （学校劇に参加する）

☑ 0886

forget

フォ**ゲット**
/ fəʳgét /

動 を忘れる

派 形 **forgetful**（忘れっぽい）

例 **forget** to turn off a stove
（レンジを消すのを忘れる）

☑ 0887

pour

ポー(ァ)
/ pɔːʳ /

動 を注ぐ

例 **pour** water into a glass（グラスに水を注ぐ）

☑ 0888

pronounce

プロ**ナ**ウンス
/ prənáʊns /

動 を発音する

派 名 **pronunciation**（発音）

例 ask a teacher to **pronounce** a German word
（ドイツ語の単語を発音してくださいと先生に頼む）

☑ 0889

prove

プルーヴ
/ pruːv /

動 を証明する

派 名 **proof**（証明）

例 **prove** the existence of dragons
（ドラゴンの存在を証明する）

☑ 0890

recover

リ**カ**ヴァ
/ rɪkʌ́vəʳ /

動 回復する

派 名 **recovery**（回復）

例 **recover** from the damage caused by a war
（戦争の傷から立ち直る）

☑ 0891

refer

リ**ファ**〜
/ rɪfə́ːʳ /

🔊アク

動 言及する

派 名 **reference**（言及）

例 **refer** to an actor
（ある俳優に言及する）

☑ 0892

relate

リ**レ**イト
/ rɪléɪt /

動 を関連させる

派 名 **relation**（関係）

例 collect everything **related** to the idol group
（そのアイドルグループに関連する全てのものを集める）

☑ 0893

request

リク**ウェ**スト
/ rɪkwést /

動 を頼む

派 名 **requester**（頼む人）

例 **request** more information
（さらなる情報を要請する）

まとめてCheck!	語源をCheck! ── nounce「告げる」
pronounce	pro(前へ)＋nounce(告げる)→(を発音する)
announce	an(…に)＋nounce(告げる)→(を発表する)
denounce	de(真下に)＋nounce(告げる)→(を公然と非難する)

☑ 0894	**rescue** レスキュー / réskju: /	動 **を救う** 派 名 **rescuer**(救助する人) 例 **rescue** people in emergencies （非常時に人々を救助する）
☑ 0895	**research** リ**サ**～チ / rɪsə́ːtʃ /	動 **を研究する** 派 名 **researcher**(研究員) 例 **research** ways of combating the disease （その病気と闘う方法を研究する）
☑ 0896	**reverse** リ**ヴァ**～ス / rɪvə́ːs /	動 **を逆にする** 派 形 **reversible**(逆にできる) 例 **reverse** a process to get back to the original（元に戻るために過程を逆にたどる）
☑ 0897	**employ** エンプ**ロ**イ / ɪmplɔ́ɪ /	動 **を雇う** 派 名 **employment**(雇用) 例 **employ** foreign teachers（外国人教師を雇う）
☑ 0898	**scold** ス**コ**ウルド / skoʊld /	動 **を叱る** 派 名 **scolding**(説教) 例 **scold** children for lying （嘘をついたことについて子どもたちを叱る）
☑ 0899	**seek** ス**ィ**ーク / siːk /	動 **を捜し求める** 派 名 **seeker**(捜す人) 例 **seek** help from a ski patrol （スキーパトロールの救助を求める）
☑ 0900	**select** セ**レ**クト / səlékt /	動 **を選ぶ** 派 名 **selection**(選択) 例 **select** a present for a person （人にプレゼントを選ぶ）
☑ 0901	**shorten** **ショ**ートゥン / ʃɔ́ːtn /	動 **を短くする** 派 形 **short**(短い) 例 **shorten** the length of summer vacation （夏休みの期間を短くする）
☑ 0902	**skate** ス**ケ**イト / skeɪt /	動 **スケートをする** 派 名 **skater**(スケートをする人) 例 practice **skating** during a vacation （休暇中にスケートの練習をする）

☑ 0603

sled

スレッド
/ sled /

動 そり滑りする

派 名 **sledding**（そり滑り）

例 go **sledding** on a hill（丘にそり滑りに行く）

☑ 0604

slide

スライド
/ slaɪd /

動 を滑らかに動かす

派 形 **sliding**（滑動する）

例 **slide** the rock to the left（岩を左に動かす）

☑ 0605

specialize

スペシャライズ
/ spéʃəlaɪz /

動 専門に扱う

派 形 **special**（専門の）

例 **specialize** in taking sports photos
（スポーツ写真の撮影を専門にする）

☑ 0606

suffer

サファ
/ sʌ́fəʳ /

動 苦しむ

派 名 **suffering**（苦しむこと）

例 **suffer** from a stomachache（胃痛で苦しむ）

☑ 0607

switch

スウィッチ
/ swɪtʃ /

動 をスイッチで切り替える

例 **switch** music off（音楽を消す）

☑ 0608

trick

トゥリック
/ trɪk /

動 をだます

派 名 **trickery**（詐欺）

例 be **tricked** by a man and lose a lot of
money（男にだまされて大金を失う）

☑ 0609

upset

アプセット
/ ʌpsét /

動 を動転させる

派 形 **upsetting**（悩ませる）

例 be **upset** about an accident
（事故で気が動転する）

☑ 0610

yell

イェル
/ jel /

動 叫び声を上げる

派 名 **yeller**（大声でわめく人）

例 **yell** at an audience to buy products
（観衆に商品を買うようにと大声で叫ぶ）

まとめてCheck!	類語をCheck!──「を救う/を助ける」
rescue	危険・困難な状況などから救出する
save	死・けが・消失などを阻止する
help	手伝う，援助する

ここで差がつく重要単語

英検準2級名詞

0911
capacity
カパスィティ
/ kəpǽsəti /

名 **収容能力**
例 have a **capacity** of 30 people
（30 人の収容能力がある）

0912
carpet
カーペト
/ kάːʾpət /

名 **カーペット**
例 get a **carpet** dirty（カーペットを汚す）

0913
vacation
ヴェイ**ケ**イション
/ veɪkéɪʃən /

名 **休暇**
例 take a long **vacation** this winter
（この冬，長期休暇を取る）

0914
chemical
ケミカル
/ kémɪkəl /

名 **化学製品, 化学物質**
例 contain harmful **chemicals**
（有害な化学物質を含む）

0915
chess
チェス
/ tʃes /

名 **チェス**
例 play a game of **chess**（チェスのゲームをする）

0916
vegetable
ヴェヂタブル
/ védʒtəbəl /

名 **野菜**
派 名 **vegetarian**（菜食主義者）
例 feed children healthy **vegetables**
（子どもたちに健康に良い野菜を食べさせる）

0917
chip
チップ
/ tʃɪp /

名 **薄切りの小片**
例 like potato **chips** very much
（ポテトチップが大好きだ）

0918
cleaner
クリーナァ
/ klíːnəʳ /

名 **ドライクリーニング店の店主**
派 動 **clean**（をきれいにする）
例 take one's suit to the (dry) **cleaner**'s
（スーツをクリーニング店に持って行く）

0919 climate

クライメト
/ kláɪmət /
●発音

名 気候

例 enjoy a mild **climate**
（温暖な気候に恵まれている）

0920 climbing

クライミング
/ kláɪmɪŋ /
●発音

名 登山

派 動 **climb** (に登る)
例 try rock **climbing**
（ロッククライミングに挑戦する）

0921 closing

クロウズィング
/ klóʊzɪŋ /

名 閉じること

派 動 **close** (を閉じる)
例 make it to the drugstore before **closing**
time （閉店前に薬局にたどり着く）

0922 math

マス
/ mæθ /

名 数学

派 形 **mathematical** (数学の)
例 take a **math** test （数学の試験を受ける）

0923 coaster

コウスタァ
/ kóʊstəʳ /

名 ジェットコースター

例 ride a (roller) **coaster**
（ジェットコースターに乗る）

0924 poem

ポウエム
/ póʊəm /

名 詩

派 形 **poetic** (詩の)
例 write a **poem** （詩を書く）

まとめてCheck!	類語をCheck！ ——「休暇」
vacation	アメリカ英語で「休暇」を表す一般的な語
holiday	イギリス英語で「休暇」を表す一般的な語
leave	（職場の）休暇。主に病気や出産などの理由で取るもの

まとめてCheck!	関連語をCheck！ —— vegetable(野菜)		
cabbage	キャベツ	carrot	ニンジン
cucumber	キュウリ	lettuce	レタス
onion	タマネギ	potato	ジャガイモ
pumpkin	西洋カボチャ	spinach	ホウレンソウ

まとめてCheck!	関連語をCheck！ —— math(数学)		
art	美術	biology	生物学
chemistry	化学	geography	地理
history	歴史	physical education	体育
physics	物理	science	科学

☑ 0925

collecting

コレクティング
/ kəléktɪŋ /

名 収集
派 動 **collect**（を収集する）
例 be interested in stamp **collecting**
（切手収集に興味がある）

☑ 0926

convenience

コンヴィーニエンス
/ kənvíːniəns /　　🔊発音

名 便利
派 形 **convenient**（便利な）
例 buy sandwiches at a **convenience** store
（コンビニでサンドイッチを買う）

☑ 0927

cookbook

クックブク
/ kókbʊk /

名 料理の本
例 publish a **cookbook**（料理本を出版する）

☑ 0928

cotton

カトゥン
/ kάːtn /

名 コットン
例 a **cotton** shirt（コットンのシャツ）

☑ 0929

coupon

クーパン
/ kúːpɑːn /

名 クーポン
例 give out discount **coupons** for a dessert
（デザート用の割引クーポンを配布する）

☑ 0930

creation

クリエイション
/ kriéɪʃən /

名 創設
派 動 **create**（を創造する）
例 approve the **creation** of a new team
（新しいチームの創設を承認する）

☑ 0931

crew

クルー
/ kru: /

名 乗務員
例 a member of the flight **crew**
（飛行機の乗務員の一員）

☑ 0932

custom

カスタム
/ kʌ́stəm /

名 習慣
派 形 **customary**（習慣的な）
例 follow the **customs** of the local people
（地元民の習慣に従う）

☑ 0933

data

ディタ
/ déɪṭə /

名 データ
例 manage customer **data**
（顧客データを管理する）

☑ 0934
deadline
デ**ド**ゥライン
/ dédlam /
🎤アク

名 締め切り
例 meet a **deadline**（締め切りに間に合う）

☑ 0935
decision
ディ**スィ**ジョン
/ dɪsíʒən /

名 決心
派 形 **decisive**（決断力のある）
例 make a **decision** to divorce
（離婚する決心をする）

☑ 0936
deer
ディア
/ dɪəʳ /

名 鹿
例 see **deer** at a zoo（動物園で鹿を見る）

☑ 0937
imagination
イマヂ**ネ**イション
/ ɪmædʒɪnéɪʃən /

名 想像力
派 動 **imagine**（を想像する）
例 use one's **imagination**（想像力を働かせる）

☑ 0938
dentist
デンティスト
/ déntɪst /

名 歯科医
例 see a **dentist** once every six months
（6 カ月に 1 度歯者に診てもらう）

☑ 0939
depot
ディーポウ
/ díːpoʊ /
●発音

名 （バスなどの）発着所
例 a **depot** for limousines
（リムジンバスの発着所）

☑ 0940
detail
ディーテイル
/ díːteɪl /

名 詳細
派 形 **detailed**（詳細な）
例 check the **details** before accepting
（承諾する前に詳細を確かめる）

☑ 0941
difficulty
ディフィカルティ
/ dífɪkəlti /

名 困難
派 形 **difficult**（困難な）
例 face financial **difficulties**
（財政上の困難に直面する）

まとめてCheck!	派生語をPlus！── custom
customer	名 顧客
accustom	動 を慣らす

☑ 0942	**discovery** ディス**カ**ヴァリィ / dɪskʌ́vəri /	名 発見 派 動 **discover** (を発見する) 例 make a remarkable **discovery** (驚くべき発見をする)
☑ 0943	**display** ディスプ**レ**イ / dɪspléɪ /　　🎤アク	名 陳列 例 be on **display** at a museum (博物館に陳列されている)
☑ 0944	**diver** **ダ**イヴァ / dáɪvəʳ /	名 ダイバー 派 動 **dive** (飛び込む) 例 a famous **diver** (有名なダイバー)
☑ 0945	**cause** **コ**ーズ / kɔːz /	名 原因 例 one of the major **causes** of global warming (地球温暖化の主な原因の一つ)
☑ 0946	**documentary** ダキュ**メ**ンタリィ / dɑːkjəménṭəri /	名 ドキュメンタリー 派 名 **document** (記録) 例 watch a TV **documentary** (テレビのドキュメンタリー番組を見る)
☑ 0947	**topic** **タ**ピック / tɑ́ːpɪk /	名 話題 例 a **topic** of conversation (話の種)
☑ 0948	**editor** **エ**ディタァ / édɪṭəʳ /	名 編集者 派 動 **edit** (を編集する) 例 an **editor** of a women's magazine (女性誌の編集者)
☑ 0949	**emergency** イ**マ**〜ヂェンスィ / ɪmə́ːʳdʒənsi /	名 緊急事態 派 動 **emerge** ((問題などが)現れる) 例 be ready for an **emergency** (非常事態に備える)
☑ 0950	**enemy** **エ**ネミィ / énəmi /	名 敵 例 be caught by **enemies** (敵に捕らえられる)

START

1550語

25%　50%　75%　100%

単語編

ランク
C

動詞

名詞

形容詞・副詞など

☑ 1550

church

チャ〜チ
/ tʃɚ'tʃ /

名 教会

例 go to **church** on Sundays
（日曜日はいつも教会へ行く）

☑ 0952

explanation

エクスプラ**ネ**イション
/ èksplənéɪʃən /

名 説明

派 動 **explain**（を説明する）
例 provide a short **explanation**
（簡潔な説明をする）

☑ 0953

farming

ファーミング
/ fɑ́ːrmɪŋ /

名 農業

派 名 **farm**（農場）
例 engage in **farming**（農業に従事している）

☑ 0954

fear

フィア
/ fɪɚʳ /

名 恐れ

派 形 **fearful**（恐れて）
例 overcome one's **fear** of aging
（年を取ることへの恐怖を克服する）

☑ 0955

firework

ファイアワ〜ク
/ fáɪəʳwɑːʳk /

名 （複数形で）花火

例 watch **fireworks**（花火を見物する）

☑ 0956

headache

ヘデイク
/ hédeɪk /

名 頭痛

例 have a terrible **headache**（ひどい頭痛がする）

☑ 0957

flavor

フ**レ**イヴァ
/ fléɪvɚʳ /

名 風味

例 have a distinctive **flavor**（独特の風味がある）

まとめてCheck!	意味をPlus！── cause
名 理由	without good **cause**（正当な理由なしに）
動 を引き起こす	**cause** an accident（事故を引き起こす）

まとめてCheck!	派生語をPlus！── editor
edition	名 （書籍などの）版
editorial	名 （新聞の）社説

☑ 0958 **friendship**
フレンドゥシプ
/ fréndʃip / 🔊アク

名 友情
例 good **friendship** between us
（われわれの間の素晴らしい友情）

☑ 0959 **nurse**
ナ〜ス
/ nəːˤs /

名 看護師
派 名 **nursery**（育児室）
例 want to be a **nurse**（看護師になりたいと思う）

☑ 0960 **generation**
ヂェネレイション
/ dʒènəréiʃən /

名 世代
派 動 **generate**（を生み出す）
例 the younger **generation** of writers in Japan
（日本の若い世代の作家たち）

☑ 0961 **geography**
ヂアグラフィ
/ dʒiɑ́ːgrafi /

名 地理学
派 形 **geographical**（地理学の）
例 study **geography** in school
（学校で地理を学ぶ）

☑ 0962 **ghost**
ゴウスト
/ goust /

名 幽霊
派 形 **ghostly**（幽霊のような）
例 listen to a story about a **ghost**
（幽霊についての話を聞く）

☑ 0963 **ginger**
ヂンヂァ
/ dʒindʒəˤ /

名 ショウガ
例 order **ginger** ale
（ジンジャーエールを注文する）

☑ 0964 **inside**
インサイド
/ insáid /

名 内側
例 the **inside** of a house（家の内部）

☑ 0965 **hairstyle**
ヘアスタイル
/ héəˤstail / 🔊アク

名 髪型
例 get a new **hairstyle**
（新しいヘアスタイルにする）

☑ 0966 **hallway**
ホールウェイ
/ hɔ́ːlwei /

名 廊下
例 at the end of a narrow **hallway**
（狭い廊下の突き当りで）

☑ 0967

break

ブレイク
/ breik /

名 休憩

例 take a **break** from work
（仕事を中断して一休みする）

☑ 0968

harmony

ハーモニィ
/ hάːʼməni /

名 調和

派 形 **harmonious**（仲の良い）
例 live together in **harmony**（仲良く暮らす）

☑ 0969

harvest

ハーヴェスト
/ hάːʼvɪst /

名 収穫

例 produce good **harvests** in the fields
（畑に豊作をもたらす）

☑ 0970

homeroom

ホウムルーム
/ hóʊmruːm /
🎤アク

名 ホームルーム

例 a new **homeroom** teacher
（新しい担任の先生）

☑ 0971

bottle

バトゥル
/ bάːt̬l /

名 瓶

例 make vases using plastic **bottles**
（ペットボトルを使って花瓶を作る）

☑ 0972

hunting

ハンティング
/ hʌ́ntɪŋ /

名 狩猟

派 動 **hunt**（を狩る）
例 like **hunting** and riding
（狩猟と乗馬が好きである）

☑ 0973

arm

アーム
/ άːʼm /

名 腕

例 break one's left **arm**（左腕を骨折する）

まとめてCheck!	語源をCheck! — gen, gener「生む/種」
generation	gener(生む)+ation(生じたもの)→(世代)
general	gener(種)+al(…に関する)→(全般的な；一般の)
hydrogen	hydro(水の)+gen(生む)→(水素)

まとめてCheck!	語源をCheck! — graph, graphy「書く」
geography	geo(土地)+graphy(書く)→(地理学)
biography	bio(生命)+graphy(書く)→(伝記)
photograph	photo(光)+graph(書く)→(写真)

☑ 0974
pain
ペイン
/ peɪn /

名 痛み
派 形 **painful** (痛い)
例 have **pain** in one's lower back
（腰に痛みがある）

☑ 0975
improvement
インプ**ルー**ヴメント
/ ɪmpruːvmənt /

名 改良点
派 動 **improve** (を改良する)
例 make several **improvements** in the design
for a house（家の設計図にいくつか手を加える）

☑ 0976
injury
インヂャリィ
/ ɪndʒəri /

名 負傷
派 動 **injure** (を傷つける)
例 not take part in a race because of an **injury**
（けがでレースを欠場する）

☑ 0977
ink
インク
/ ɪŋk /

名 インク
例 run out of **ink** (インクを切らす)

☑ 0978
instruction
インストゥ**ラ**クション
/ ɪnstrʌkʃən /

名 (複数形で)指示
派 動 **instruct** (に指示する)
例 follow **instructions** exactly
（指示に正確に従う）

☑ 0979
invention
イン**ヴェ**ンション
/ ɪnvénʃən /

名 発明
派 動 **invent** (を発明する)
例 the greatest **invention** of ancient times
（古代の最も偉大な発明）

☑ 0980
iron
アイアン
/ áɪəʳn /
🔊発音

名 鉄
例 be made of **iron** (鉄製である)

☑ 0981
jet
ヂェット
/ dʒet /

名 ジェット旅客機
例 have a private **jet**
（プライベートジェット機を所有している）

☑ 0982
jungle
ヂャングル
/ dʒʌ́ŋgəl /

名 ジャングル
例 live in the **jungle** by oneself
（ジャングルに1人で住んでいる）

動詞

名詞

形容詞・副詞など

☑ 0983 **rose**
ロウズ
/ rooz /

名 バラ
派 形 **rosy** (バラのような)
例 grow **roses** in a garden (庭でバラを育てる)

☑ 0984 **kilogram**
キログラム
/ kíləgræm /　🎤アク

名 **キログラム**
例 weigh two and a half **kilograms**
(2.5 キログラムの重さがある)

☑ 0985 **laughter**
ラフタァ
/ læftəʳ /

名 笑い
派 動 **laugh** (笑う)
例 burst into **laughter** (突然笑いだす)

☑ 0986 **laundry**
ローンドゥリィ
/ lɔ́ːndri /

名 洗濯(物)
例 do the **laundry** (洗濯をする)

☑ 0987 **lecture**
レクチァ
/ léktʃəʳ /

名 講義
例 give a **lecture** to students
(学生たちに講義を行う)

☑ 0988 **pair**
ペア
/ peəʳ /

名 (2つから成るものの)**1組**
例 a **pair** of gloves (1 組の手袋)

☑ 0989 **literature**
リテラチァ
/ lítərətʃəʳ /　🎤アク

名 文学
派 形 **literary** (文学の)
例 take American **literature** classes
(アメリカ文学の講義を受ける)

☑ 0990 **living**
リヴィング
/ lívɪŋ /

名 リビング
派 動 **live** (住む)
例 sit on a sofa in a **living** room
(リビングルームのソファに座る)

まとめてCheck!	派生語をPlus! ― instruction	
instructor	名 指導者	
instructive	形 教育的な	

☑ 0991	**loss** ロース / lɔːs /	名 喪失 派 動 **lose**（を失う） 例 fear a **loss** of identity （本来の自分らしさを失うことを恐れる）
☑ 0992	**frog** フラグ / frɑːg /	名 カエル 例 not like **frogs**（カエルが苦手である）
☑ 0993	**material** マ**ティ**アリアル / mətíəriəl /　●発音	名 材料 例 be used as a raw **material** for plaster （しっくいの原料として使われる）
☑ 0994	**fare** フェア / feəʳ /	名 運賃 例 raise bus **fare**（バス料金を値上げする）
☑ 0995	**conversation** カンヴァ**セ**イション / kὰːnvəʳséɪʃən /	名 会話 例 have a **conversation** with a person （人とおしゃべりをする）
☑ 0996	**microwave** **マ**イクロウェイヴ / máɪkrəweɪv /　🎤アク	名 電子レンジ 例 thaw frozen food in a **microwave** (oven) （電子レンジで冷凍食品を解凍する）
☑ 0997	**aisle** **ア**イル / aɪl /	名 （劇場・列車などの席の間の）**通路** 例 an **aisle** seat（通路側の席）
☑ 0998	**fever** **フィ**ーヴァ / fíːvəʳ /	名 熱 派 形 **feverish**（熱のある） 例 have a high **fever**（高熱がある）
☑ 0999	**motorbike** **モ**ウタバイク / móʊṭəʳbaɪk /	名 オートバイ 例 steal a **motorbike** from a parking lot （駐車場からオートバイを盗む）

動詞

名詞

形容詞・副詞など

☑ 1000

muscle

マスル
/ mʌ́səl /

●発音

名 筋肉

派 形 **muscular**（筋肉の）

例 do exercise to strengthen one's **muscles**
（筋肉を鍛えるために運動をする）

☑ 1001

mushroom

マシルーム
/ mʌ́ʃruːm /

🎤アク

名 キノコ

例 have a **mushroom** pizza
（キノコのピザを食べる）

☑ 1002

necktie

ネクタイ
/ néktaɪ /

名 ネクタイ

例 check one's **necktie** in a mirror
（鏡でネクタイを確認する）

☑ 1003

object

アブヂェクト
/ ɑ́ːbdʒekt /

🎤アク

名 物

派 名 **objective**（目標）

例 focus on a distant **object**
（遠くの物に焦点を合わせる）

☑ 1004

objective

オブヂェクティヴ
/ əbdʒéktɪv /

名 目標

派 名 **object**（物）

例 one's **objective** for next year（来年の目標）

☑ 1005

opportunity

アポチューニティ
/ ɑ̀ːpəˈtjúːnəṭi /

名 機会

例 create an **opportunity** to learn English
（英語を学ぶ機会をつくる）

まとめてCheck!	派生語をPlus! —— material	
materialism	名 物質主義
materialize	動 実現する

まとめてCheck!	関連語をCheck! —— microwave（電子レンジ）		
oven	オーブン	stove	こんろ
toaster	トースター	refrigerator	冷蔵庫
blender	ミキサー	dishwasher	食器洗い機

まとめてCheck!	意味をPlus! —— object	
名 目的	the **object** of this meeting（この会合の目的）
動 反対する	**object** to the closing of a school（学校を廃校にすることに反対する）

☑ 1006 **origin**
オーリヂン
/ ɔ́:rɪdʒɪn /

名 源
派 形 **original** (最初の)
例 have one's **origin** in ancient Egypt
（古代エジプトに起源を発している）

☑ 1007 **horizon**
ホライズン
/ həráɪzən /

名 地平線
派 形 **horizontal** (水平の)
例 on the **horizon** (地平線に)

☑ 1008 **distance**
ディスタンス
/ dístəns /

名 距離
派 形 **distant** (遠い)
例 the **distance** between one's home and the
station （家と駅の間の距離）

☑ 1009 **pal**
パル
/ pæl /

名 友達
例 write to one's pen **pal**
（ペンフレンドに手紙を書く）

☑ 1010 **parade**
パレイド
/ pəréɪd /

名 パレード
例 watch a **parade** （パレードを見る）

☑ 1011 **noon**
ヌーン
/ nu:n /

名 正午
例 finish the work by **noon**
（正午までにその仕事を終える）

☑ 1012 **phonograph**
フォウノグラフ
/ fóunəgræf /

名 蓄音機
例 listen to music on the **phonograph**
（蓄音機で音楽を聴く）

☑ 1013 **reporter**
リポータァ
/ rɪpɔ́:rtər /

名 報道記者, リポーター
例 a **reporter** for local radio
（地方のラジオ局のリポーター）

☑ 1014 **port**
ポート
/ pɔ:rt /

名 港
例 leave a **port** （出港する）

☑ 1015
presentation

プレゼンテイション
/ prèzəntéiʃən /

名 発表
派 動 **present**（を口頭発表する）
例 prepare one's **presentation**
（プレゼンテーションの準備をする）

☑ 1016
press

プレス
/ pres /

名 報道機関
派 名 **pressure**（押すこと）
例 the freedom of the **press**（報道の自由）

☑ 1017
pride

プライド
/ praid /

名 誇り
派 形 **proud**（誇りを持っている）
例 take **pride** in one's work
（自分の仕事に誇りを持っている）

☑ 1018
process

プラセス
/ prá:ses /

名 過程
派 動 **proceed**（続ける）
例 in the **process** of growing rice
（米を栽培する過程で）

☑ 1019
profit

プラフィト
/ prá:fit /

名 利益
派 形 **profitable**（利益をもたらす）
例 make a big **profit** from selling pictures
（絵画を売って多大な利益を得る）

☑ 1020
interest

イントゥレスト
/ intrəst /

名 興味
派 形 **interesting**（興味を引き起こす）
例 talk about one's **interest** in kabuki
（歌舞伎への興味について話す）

まとめてCheck!	派生語をPlus! ── origin
originate	動 起こる
originality	名 独創性
originally	副 元来は

まとめてCheck!	語源をCheck! ── port「運ぶ」
reporter	re(元へ)＋port(運ぶ)＋er(人)→（報道記者）
export	ex(外へ)＋port(運ぶ)→（輸出する；輸出(品)）
import	im(中へ)＋port(運ぶ)→（輸入する；輸入(品)）
transport	trans(向こう側へ)＋port(運ぶ)→（運送する）

まとめてCheck!	語源をCheck! ── cess「行く」
process	pro(前へ)＋cess(行く)→（過程）
access	ac(…へ)＋cess(行く)→（接近；近づきやすさ）
excess	ex(外へ)＋cess(行く)→（超過；過多）
success	suc(次に、下に)＋cess(行く)→（成功）

RANK **C**
ここで差がつく重要単語

英検準2級形容詞・副詞など

☑ 1021	**properly** プラパリィ / prɑ́:pəˀli /	副 **きちんと** 派 形 **proper**(適切な) 例 not open **properly**(きちんと開かない)
☑ 1022	**electrical** イレクトゥリカル / ɪléktrɪkəl / 🎤アク	形 **電気の** 派 形 **electric**(電気の) 例 lay an **electrical** wire(電線を引く)
☑ 1023	**exact** イグ**ザ**クト / ɪgzǽkt /	形 **正確な** 派 副 **exactly**(正確に) 例 ask a person the **exact** time (人に正確な時間を尋ねる)
☑ 1024	**fancy** **ファン**スィ / fǽnsi /	形 **上品な趣味の** 例 a **fancy** restaurant(高級レストラン)
☑ 1025	**terribly** **テ**リブリィ / térəbli /	副 **とても** 派 形 **terrible**(猛烈な) 例 be **terribly** sorry(とても申し訳なく思う)
☑ 1026	**tightly** **タ**イトゥリィ / táɪtli /	副 **しっかりと** 派 形 **tight**(きつい) 例 hold a person **tightly**(人をきつく抱き締める)
☑ 1027	**further** **ファ**～**ザ**ァ / fə́ːˀðəˀ / ●発音	副 **さらに進んで, さらに遠くへ** 派 副 **furthermore**(さらに) 例 go **further** into the mountains (山中へさらに深く入って行く)
☑ 1028	**fantastic** ファン**タ**スティク / fæntǽstɪk /	形 **素晴らしい** 派 名 **fantasy**(空想) 例 have a **fantastic** time(素晴らしい時を過ごす)

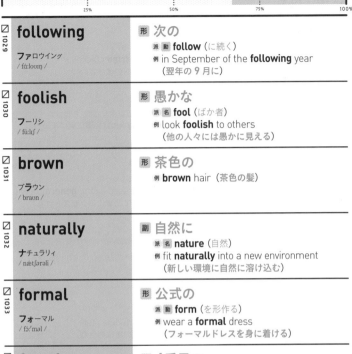

☑ 1029 **following**
ファロウイング
/ fá:louɪŋ /

形 次の
派 動 **follow**（に続く）
例 in September of the **following** year
（翌年の9月に）

☑ 1030 **foolish**
フーリシ
/ fú:lɪʃ /

形 愚かな
派 名 **fool**（ばか者）
例 look **foolish** to others
（他の人々には愚かに見える）

☑ 1031 **brown**
ブラウン
/ braʊn /

形 茶色の
例 **brown** hair（茶色の髪）

☑ 1032 **naturally**
ナチュラリィ
/ nǽtʃərəli /

副 自然に
派 名 **nature**（自然）
例 fit **naturally** into a new environment
（新しい環境に自然に溶け込む）

☑ 1033 **formal**
フォーマル
/ fɔ́ːrməl /

形 公式の
派 動 **form**（を形作る）
例 wear a **formal** dress
（フォーマルドレスを身に着ける）

☑ 1034 **fourth**
フォース
/ fɔ́ːrθ /

形 4番目の
例 be a **fourth**-grade elementary school
student（小学4年生である）

☑ 1035 **worldwide**
ワ〜ルドゥワイド
/ wə́ːrldwáɪd /

副 世界中で
例 raise average temperatures **worldwide**
（世界中で平均気温を上げている）

まとめてCheck!	反意語をCheck!
exact	⇔ **inexact**（不正確な）
tightly	⇔ **loosely**（緩く）
following	⇔ **preceding**（前の）

まとめてCheck!	語源をCheck! —— form「形/形づくること」
formal	form(形)+al(…の)→（公式の）
inform	in(中に)+form(形づくること)→（知らせる）
perform	per(完全に)+form(形づくること)→（果たす；行う）
uniform	uni(1つ)+form(形)→（制服, ユニホーム）

☑ 1036	**fried** フライド / fraɪd /	形 油で揚げた 派 動 **fry**（を揚げる） 例 how to make **fried** chicken （フライドチキンの作り方）
☑ 1037	**steady** ステディ / stédi /	形 変わらない 派 副 **steadily**（しっかりと） 例 have a **steady** job（定職に就いている）
☑ 1038	**general** ヂェネラル / dʒénərəl /	形 世間一般の 派 動 **generalize**（を一般化する） 例 be easily accessed by the **general** public （一般人によって簡単にアクセスされる）
☑ 1039	**gentle** ヂェントル / dʒéntl̩ /	形 優しい 派 副 **gently**（優しく） 例 with a **gentle** smile on one's lips （唇に優しい笑みをたたえて）
☑ 1040	**grilled** グリルド / grɪld /	形 あぶった 派 動 **grill**（を網焼きにする） 例 put **grilled** fish on a plate （焼いた魚を皿の上にのせる）
☑ 1041	**guilty** ギルティ / gílti /	形 有罪の 派 名 **guilt**（有罪） 例 be **guilty** of a crime（有罪である）
☑ 1042	**handsome** ハンサム / hǽnsəm /	形 ハンサムな 例 look **handsome**（ハンサムに見える）
☑ 1043	**directly** ディレクトゥリィ / dəréktli /	副 直接的に 派 形 **direct**（直接の） 例 order coffee beans **directly** from farmers （コーヒー豆を農家に直接注文する）
☑ 1044	**holy** ホウリィ / hóʊli /	形 神聖な 派 名 **holiness**（神聖さ） 例 visit a **holy** place（神聖な場所を訪れる）

名詞

形容詞・副詞 など

☑ 1045 **shy**

シャイ
/ ʃaɪ /

形 恥ずかしがりの

例 be generally quite **shy**
（一般的にとても内気である）

☑ 1046 **hopeful**

ホウプフル
/ hóupfəl /

形 期待している

派 動 **hope**（を望む）
例 be **hopeful** about the future
（将来に期待している）

☑ 1047 **ideal**

アイディーアル
/ aɪdíːəl /

形 理想的な

例 be **ideal** for growing mangos
（マンゴーを栽培するのに理想的である）

☑ 1048 **casually**

キャジュアリィ
/ kǽʒuəli /

副 普段着で

派 形 **casual**（普段の）
例 a **casually** dressed young woman
（普段着の若い女性）

☑ 1049 **immigrant**

イミグラント
/ ímɪɡrənt /

形 （外国からの）移民の

派 動 **immigrate**（移住する）
例 a child of Mexican **immigrant** parents
（メキシコからの移民を両親に持つ子ども）

☑ 1050 **inconvenient**

インコンヴィーニエント
/ ìnkənvíːniənt /

形 不便な

派 名 **inconvenience**（不便）
例 be really **inconvenient** without a car
（車なしでは本当に不便である）

☑ 1051 **independent**

インディペンデント
/ ìndɪpéndənt /

形 独立した

派 名 **independence**（独立）
例 be financially **independent**
（財政的に依存していない）

まとめてCheck!	反意語をCheck!
steady	⇔ **unsteady**（変わりやすい）
guilty	⇔ **innocent**（無罪の）
directly	⇔ **indirectly**（間接的に）

まとめてCheck!	語源をCheck！ ── pend「ぶら下がる」
independent	in（非…）+de（下に）+pend（ぶら下がる）+ent（…の性質の）→（独立した）
depend	de（下に）+pend（ぶら下がる）→（頼る）
pendant	pend（ぶら下がる）+ant（…するもの）→（ペンダント）

☑ 1052	**indoor** インドー(ァ) / índɔːʳ /	形 屋内の 派 副 **indoors** (屋内で，屋内に) 例 swim in an **indoor** pool (室内プールで泳ぐ)
☑ 1053	**downstairs** ダウンス**テ**アズ / dàʊnstéəʳz /	副 階下へ 例 go **downstairs** rapidly (急いで階下へ降りる)
☑ 1054	**completely** コンプ**リー**トゥリィ / kəmplíːtli /	副 完全に 派 形 **complete** (完全な) 例 be **completely** absorbed in one's job (仕事に完全に夢中になる)
☑ 1055	**only** **オ**ウンリィ / óʊnli /　　●発音	副 ほんの〜に過ぎない 例 be **only** three months old (わずか生後 3 カ月である)
☑ 1056	**correctly** コ**レ**クトゥリィ / kəréktli /	副 正確に 派 形 **correct** (正確な) 例 memorize a person's address **correctly** (人の住所を正確に覚える)
☑ 1057	**instant** **イ**ンスタント / ínstənt /	形 即席の 派 副 **instantly** (直ちに) 例 drink **instant** coffee (インスタントコーヒーを飲む)
☑ 1058	**jumbo** **ヂャ**ンボウ / dʒʌ́mboʊ /	形 ずば抜けて大きな 例 order a **jumbo** green salad (特大のグリーンサラダを注文する)
☑ 1059	**lazy** **レ**イズィ / léɪzi /	形 怠惰な 例 look like a **lazy** person (怠惰な人のように見える)
☑ 1060	**legal** **リー**ガル / líːgəl /	形 法律の 派 副 **legally** (法律的に) 例 follow the **legal** system (法制度に従う)

START

25% 50% 75% 100%

1550語

単語編

RANK
C

動詞

名詞

形容詞・副詞 など

☑ 1061 **freely**

フリーリィ
/ fríːli /

副 自由に
派 形 **free**（自由な）
例 walk along a river **freely**
（川に沿って自由に歩く）

☑ 1062 **limited**

リミティド
/ límɪṭɪd /

形 限られた
派 動 **limit**（を制限する）
例 explain everything within a **limited** time
（限られた時間内で全てを説明する）

☑ 1063 **poorly**

プアリィ
/ púərli /

副 悪く
派 形 **poor**（不得意な）
例 be doing **poorly** in math（数学の成績が悪い）

☑ 1064 **straight**

ストゥレイト
/ streɪt /
●発音

形 真っすぐな
派 動 **straighten**（を真っすぐにする）
例 draw a **straight** line（直線を引く）

☑ 1065 **liquid**

リクウィド
/ líkwɪd /
●発音

形 液体の
例 consume a **liquid** diet（流動食を取る）

☑ 1066 **loose**

ルース
/ luːs /
●発音

形 （服が）だぶだぶの
派 動 **loosen**（を緩める）
例 wear one's clothes quite **loose**
（ゆったりと服を着ている）

まとめてCheck!	反意語をCheck!
indoor	⇔ outdoor（屋外の）
downstairs	⇔ upstairs（階上へ）
correctly	⇔ incorrectly（不正確に）

まとめてCheck!	派生語をPlus! ── limited
limitless	形 無限の
limitation	名 制限

まとめてCheck!	意味をPlus! ── straight	
形 正直な	a **straight** answer（正直な答え）	
副 真っすぐに	go **straight** ahead（真っすぐ前へ進む）	

☑ 1067	**wherever** フュエアレヴァ / hweərévə' /	接 (…する)所ならどこでも 例 Sit **wherever** you like. (どこでも好きな所に座りなさい。)
☑ 1068	**sudden** サドゥン / sʌ́dn /	形 突然の 派 副 **suddenly** (突然) 例 cannot tolerate **sudden** changes in environment (環境の突然の変化に耐えられない)
☑ 1069	**magical** マヂカル / mǽdʒɪkəl /	形 神秘的な 派 名 **magic** (魔法) 例 live in a **magical** world (神秘的な世界に住んでいる)
☑ 1070	**cheaply** チープリィ / tʃíːpli /	副 安く 派 形 **cheap** (安い) 例 import goods more **cheaply** (商品をより安く輸入する)
☑ 1071	**medical** メディカル / médɪkəl /	形 医学の 派 名 **medicine** (医学) 例 take a **medical** test (医学的検査を受ける)
☑ 1072	**messy** メスィ / mési /	形 散らかった 派 名 **mess** (乱雑) 例 a **messy** desk (散らかった机)
☑ 1073	**mild** マイルド / maɪld /	形 穏やかな 例 enjoy a **mild** climate (穏やかな気候を享受する)
☑ 1074	**narrow** ナロウ / nǽroʊ /	形 (幅が)狭い 派 副 **narrowly** (細く) 例 take a walk along a **narrow** path (細い道を散歩する)
☑ 1075	**necessary** ネセセリィ / nésəseri /	形 必要な 派 名 **necessity** (必要(性)) 例 be **necessary** for good health (健康のためになくてはならない)

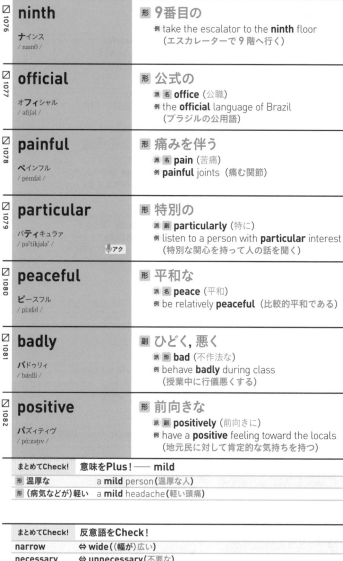

☑ 1076 **ninth**

ナインス
/ naɪnθ /

形 **9番目の**

例 take the escalator to the **ninth** floor
（エスカレーターで9階へ行く）

☑ 1077 **official**

オフィシャル
/ əfíʃəl /

形 **公式の**

派 名 **office**（公職）
例 the **official** language of Brazil
（ブラジルの公用語）

☑ 1078 **painful**

ペインフル
/ péɪnfəl /

形 **痛みを伴う**

派 名 **pain**（苦痛）
例 **painful** joints（痛む関節）

☑ 1079 **particular**

パティキュラァ
/ pətíkjələr / 🎤アク

形 **特別の**

派 副 **particularly**（特に）
例 listen to a person with **particular** interest
（特別な関心を持って人の話を聞く）

☑ 1080 **peaceful**

ピースフル
/ píːsfəl /

形 **平和な**

派 名 **peace**（平和）
例 be relatively **peaceful**（比較的平和である）

☑ 1081 **badly**

バドゥリィ
/ bǽdli /

副 **ひどく, 悪く**

派 形 **bad**（不作法な）
例 behave **badly** during class
（授業中に行儀悪くする）

☑ 1082 **positive**

パズィティヴ
/ pάːzəṭɪv /

形 **前向きな**

派 副 **positively**（前向きに）
例 have a **positive** feeling toward the locals
（地元民に対して肯定的な気持ちを持つ）

まとめてCheck!	意味をPlus! —— mild
形 温厚な	a **mild** person（温厚な人）
形 (病気などが)軽い	a **mild** headache（軽い頭痛）

まとめてCheck!	反意語をCheck!
narrow	⇔ wide（(幅が)広い）
necessary	⇔ unnecessary（不要な）
positive	⇔ negative（消極的な）

☑ 1083	**powerful** パウアフル / páuəˈfəl /	形 **力強い** 派 名 **power**（権力） 例 the most **powerful** countries in the world （世界で最も強力な国々）
☑ 1084	**precious** プレシャス / préʃəs /	形 **貴重な** 例 waste **precious** time （貴重な時間を無駄にする）
☑ 1085	**precise** プリサイス / prisáis /	形 （細かい部分まで）**正確な** 派 副 **precisely**（正確に） 例 require **precise** knowledge （正確な知識を必要とする）
☑ 1086	**responsible** リスパンスィブル / rispáːnsəbəl /	形 **責任がある** 派 名 **responsibility**（責任） 例 be not **responsible** for it at all （それについて全く責任がない）
☑ 1087	**nicely** ナイスリィ / náisli /	副 **良く** 派 形 **nice**（良い） 例 dress **nicely**（きちんとした身なりをしている）
☑ 1088	**rapidly** ラピドゥリィ / rǽpidli /	副 **急速に** 派 形 **rapid**（急な） 例 **rapidly** increase in number （数が急速に増える）
☑ 1089	**romantic** ロウマンティク / roumǽntik /	形 **恋愛の** 派 名 **romance**（恋愛） 例 watch a **romantic** movie（恋愛映画を見る）
☑ 1090	**rough** ラフ / rʌf /　●発音	形 **荒天の** 派 副 **roughly**（乱暴に） 例 be too **rough** for planes to fly （飛行機が飛ぶには天候が悪過ぎる）
☑ 1091	**round** ラウンド / raund /	形 **丸い** 例 look at a person with **round** eyes （丸い目をして人を見る）

1092	**overseas** オウヴァ**スィー**ズ / òuvəˈsiːz /	副 **海外で** 例 get a job **overseas**（海外で仕事を得る）

1093	**rarely** **レ**アリィ / réəˈli /	副 **めったに～ない** 派 形 **rare**（まれな） 例 be **rarely** available in the countryside （田舎ではめったに手に入らない）

1094	**secure** スィ**キュ**ア / sikjóəˈ /	形 **安全な** 派 名 **security**（安全） 例 park a bicycle in a **secure** place （安全な場所に自転車を止める）

1095	**tidy** **タ**イディ / táidi /	形 **きちんとした** 例 keep a room **tidy**（部屋をきちんとしておく）

1096	**senior** **スィー**ニャ / síːnjəˈ /	形 **年上の** 例 the number of **senior** citizens in the U.S. （米国における高齢者の数）

1097	**sharp** **シャー**プ / ʃɑːˈp /	形 **鋭い** 派 動 **sharpen**（を鋭くする） 例 have **sharp** teeth（歯が鋭い）

まとめてCheck!	類語をCheck！——「強い」
strong	「強い」を意味する最も一般的な語
powerful	身体的な力だけでなく，権力・影響力の強さによく用いる
intense	温度・痛み・感情などの強さに用いる

まとめてCheck!	語源をCheck！—— cise, cide「切る」
precise	**pre**(事前に)+**cise**(切る)→（正確な）
concise	**con**(全く)+**cise**(切る)→（簡潔な）
decide	**de**(離れて)+**cide**(切る)→（決定する；決心する）

まとめてCheck!	反意語をCheck！
rapidly	⇔ **slowly**（ゆっくりと）
senior	⇔ **junior**（年下の）
sharp	⇔ **dull**（鈍い）

☑ 1098

shocked

シャクト
/ ʃɑːkt /

形 ショックを受けた

派 名 **shock**（ショック）
例 be really **shocked**（すごくショックを受けている）

☑ 1099

simple

スィンプル
/ símpəl /

形 簡単な

派 名 **simplicity**（簡単）
例 be very **simple** to handle
（扱うのがとても簡単だ）

☑ 1100

ill

イル
/ ɪl /

形 病気の

派 名 **illness**（病気）
例 become badly **ill**（ひどい病気にかかる）

☑ 1101

greatly

グレイトゥリィ
/ gréɪtli /

副 大いに

派 形 **great**（偉大な）
例 increase **greatly**
（大いに増える）

☑ 1102

nowadays

ナウアデイズ
/ náʊədeɪz /

副 近ごろ

例 be very common **nowadays**
（今日ではとても普通のことである）

☑ 1103

sore

ソー（ァ）
/ sɔːʳ /

形 （体の部分が）痛い

例 have a **sore** throat（喉が痛い）

☑ 1104

instantly

インスタントゥリィ
/ ínstəntli /

副 直ちに

派 形 **instant**（即座の）
例 apologize to a person **instantly**
（直ちに人に謝罪する）

☑ 1105

specific

スペスィフィク
/ spəsífɪk /

形 具体的な

派 動 **specify**（を具体的に挙げる）
例 explain it using **specific** examples
（具体例を用いてそれを説明する）

☑ 1106

stressful

ストゥレスフル
/ strésfəl /

形 ストレスの多い

派 名 **stress**（ストレス）
例 lead a **stressful** life
（ストレスの多い人生を送る）

START
1550語
25% 50% 75% 100%

単語編

RANK
C

動詞

名詞

形容詞・副詞 など

☑ 1107 **normally**

ノーマリィ
/ nɔ́ːʳməli /

副 通常は，普通は

派 形 **normal** (標準の)

例 I **normally** take a bus to school.
（いつもはバスで学校へ行きます。）

☑ 1108 **accidentally**

アクスィデンタリィ
/ æksɪdéntəli /

副 偶然に，うっかり

派 名 **accident** (偶然)

例 **accidentally** drop a cup on the floor
（誤って床にカップを落とす）

☑ 1109 **currently**

カ〜レントゥリィ
/ kə́ːʳəntli /

副 現在のところ

派 形 **current** (今の)

例 **currently** live in a rented home
（現在のところは借家に住んでいる）

☑ 1110 **unknown**

アンノウン
/ ʌ̀nnóun /

形 知られていない

例 a previously **unknown** civilization
（以前は知られていなかった文明）

☑ 1111 **frankly**

フランクリィ
/ fræŋkli /

副 率直に言うと

派 形 **frank** (率直な)

例 **Frankly**, I don't like traveling.
（率直に言うと，私は旅行が嫌いだ。）

☑ 1112 **moreover**

モーロウヴァ
/ mɔːróuvəʳ /

副 さらに

例 Sally is honest; **moreover** she is kind.
（サリーは正直で，その上親切だ。）

☑ 1113 **thirsty**

サ〜スティ
/ θə́ːʳsti /

形 喉の渇いた

派 名 **thirst** ((喉の)渇き)

例 become really **thirsty** under the hot sun
（炎天下でひどく喉が渇く）

まとめてCheck!	類語をCheck!──「簡単な」
easy	多くの努力を必要とせず容易である
simple	複雑さがなくて簡単である
plain	平易で分かりやすい

まとめてCheck!	派生語をPlus!── specific
specifically	副 明確に；特に
specifications	名 仕様(書)

☑ 1114 **unique**

ユニーク
/ juːníːk /

形 独特の
例 have a **unique** sense of beauty
（独特の美意識がある）

☑ 1115 **sincerely**

スィンスィアリ
/ sɪnsíəʰli /

副 心から
派 形 **sincere**（心からの）
例 **Sincerely** yours（敬具）

☑ 1116 **unlucky**

アンラキィ
/ ʌnlʌ́ki /

形 不吉な
例 consider thirteen to be **unlucky**
（13 を不吉と思う）

☑ 1117 **immediately**

イミーディエトゥリィ
/ ɪmíːdiətli /

副 直ちに
派 形 **immediate**（即座の）
例 go home **immediately**（すぐに帰宅する）

☑ 1118 **importantly**

インポートゥントゥリィ
/ ɪmpɔ́ːʰtntli /

副 重要なことには
派 形 **important**（重要な）
例 He is clever, but more **importantly** he is active.（彼は頭が良い, だがもっと重要なことは積極的だということだ。）

☑ 1119 **upstairs**

アプステアズ
/ ʌ̀pstéəʰz /

副 階上へ
例 go **upstairs** to one's room（2階の自室へ行く）

☑ 1120 **below**

ビロウ
/ bɪlóʊ /

副 下の, 下に
例 select a correct answer from the choices listed **below**
（下にある選択肢から正解を選ぶ）

☑ 1121 **wild**

ワイルド
/ waɪld /

形 野生の
派 副 **wildly**（野性的に）
例 study the behavior of **wild** animals
（野生動物の生態を研究する）

☑ 1122 **commonly**

カモンリィ
/ kɑ́ːmənli /

副 一般に
派 形 **common**（普通の）
例 be **commonly** used in Japan today
（今日, 日本で普通に使われている）

START
25% 50% 75% 100%
1550語
単語編
RANK C
動詞
名詞
形容詞・副詞 など

☑ 1123 **wooden**
ウドゥン
/ wúdn /

形 木製の

派 名 **wood**（木材）
例 a **wooden** table in the kitchen
（台所の木製のテーブル）

☑ 1124 **worn**
ウォーン
/ wɔːˈn /

形 使い古した

例 a **worn** carpet（使い古したカーペット）

☑ 1125 **apparently**
アパレントゥリィ
/ əpǽrəntli /

副 どうやら～らしい

派 形 **apparent**（明らかな）
例 **Apparently**, my PC is out of order.
（どうも私のパソコンは故障しているみたいだ。）

☑ 1126 **suddenly**
サドゥンリィ
/ sʌ́dnli /

副 突然

派 形 **sudden**（突然の）
例 **suddenly** realize one's misunderstanding
（突然自分の誤解に気付く）

☑ 1127 **regularly**
レギュラリィ
/ réɡjələ'li /

副 定期的に

派 形 **regular**（定期的な）
例 call one's mother **regularly**
（母親に定期的に電話をする）

☑ 1128 **eventually**
イヴェンチュアリィ
/ ɪvéntʃuali /

副 結局は

派 形 **eventual**（結果として起こる）
例 **eventually** end up in a quarrel
（結局けんかになる）

☑ 1129 **peacefully**
ピースフリィ
/ píːsfəli /

副 平和に

派 名 **peace**（平和）
例 spend the rest of one's life **peacefully**
（穏やかに余生を送る）

☑ 1130 **pleasantly**
プレズントゥリィ
/ plézəntli /

副 楽しく

派 形 **pleasant**（楽しい）
例 a **pleasantly** warm day（心地良く暖かな日）

まとめてCheck!	反意語をCheck！
unlucky	⇔ **lucky**（幸運な）
below	⇔ **above**（上の、上に）
wild	⇔ **tame**（飼いならされた）

この章の学習記録を付ける

覚えたことを定着させるには,「繰り返し復習すること」が大切です。この章の学習を一通り終えたら,下の学習記録シートに日付を書き込み,履歴を残しましょう。

1	2	3	4	5	6	7	8	9	10
/	/	/	/	/	/	/	/	/	/
11	12	13	14	15	16	17	18	19	20
/	/	/	/	/	/	/	/	/	/
21	22	23	24	25	26	27	28	29	30
/	/	/	/	/	/	/	/	/	/
31	32	33	34	35	36	37	38	39	40
/	/	/	/	/	/	/	/	/	/
41	42	43	44	45	46	47	48	49	50
/	/	/	/	/	/	/	/	/	/

MEMO

熟語編

必ずおさえておくべき

動詞句

この章では英検準2級に出る熟語のうち、動詞を中心に構成される動詞句を紹介します。英検の過去問データベースから最頻出のものをセレクトした上で、暗記効率を考えた上で〈動詞＋前置詞・副詞〉などの「型」ごとにまとめて配列しています。熟語をそのまま問う問題のみならず、読解・英作文にも役立つ表現ばかりですので、確実に覚えて、使いこなせるようにしましょう。

RANK

必ずおさえておくべき重要熟語

haveを使う表現

1131

have nothing to do with ～ ～と全く関係がない

例 He **has nothing to do with** the accident. （彼はその事故には全く関係がない。）

1132

have trouble *do*ing ～するのに苦労する

例 I **had trouble** find**ing** the information I needed.
（必要な情報を見つけるのに苦労した。）

1133

have no time to *do* ～する時間が全くない

例 I **had no time to** do my homework last night.
（昨晩は宿題をやる時間が全くなかった。）

1134

have ～ in mind ～を考えている

例 Do you **have** anybody **in mind** for the job?
（その仕事を誰にやってほしいか考えている人がいますか。）

1135

have a lot in common with ～ ～と共通点が多い

例 German **has a lot in common with** English. （ドイツ語は英語と共通点が多い。）

☑ 1136

have access to ～

～が利用できる，～を利用する権利がある

例 Everybody in this town **has access to** the library.
（この町の人は誰でもその図書館を利用できる。）

RANK 必ずおさえておくべき重要熟語

getを使う表現

熟語編

RANK

動詞句

その他の熟語

☑ 1137

get out of ～

～から（外へ）出る

例 The patient couldn't **get out of** bed.
（その患者はベッドから出ることができなかった。）

☑ 1138

get away

抜け出す，逃れる

例 He wanted to **get away** from his everyday life.（彼は日常生活から逃れたかった。）

☑ 1139

get better

（体調・状況などが）良くなる

例 Her condition was gradually **getting better**.
（彼女の体調は徐々に良くなっていた。）

まとめてCheck!	動詞句をPlus！―― get＋副詞[前置詞]		
get into ～	～の中に入る	**get to ～**	～に着く
get on ～	（列車など）に乗る	**get up**	起床する
get off ～	（列車など）から降りる		

☑ 1140

get married | 結婚する

例 Nick and Jane will **get married** next month.(ニックとジェーンは来月結婚する。)

☑ 1141

get ～ back | ～を取り戻す, ～を返してもらう

例 I lent him my book, but I haven't **gotten** it **back** yet.
（私は彼に本を貸したが，まだ返してもらっていない。）

☑ 1142

get together | 集まる, 会う

例 We **got together** again the following week and discussed the problem.
（私たちは翌週また集まって，その問題を話し合った。）

☑ 1143

get over ～ | (病気・困難など)を乗り越える, ～を克服する

例 It took her three weeks to **get over** her illness.
（彼女が病気を克服するのに 3 週間かかった。）

☑ 1144

get along with ～ | ～と仲良くやる

例 He wanted to **get along with** his new friends.
（彼は新しい友達と仲良くやっていきたいと思っていた。）

☑ 1145

get rid of ～ | (不要・不快なもの)を排除する, ～を捨てる

例 He had a garage sale to **get rid of** the old books.
（彼は古本を処分するためにガレージセールをやった。）

☑ 1146
get ～ to *do*
～に（なんとか）…してもらう
[させる]

例 I'll **get** my father **to** pick you up.（父にあなたを迎えに行ってもらいます。）

RANK 👑
必ずおさえておくべき重要熟語

comeを使う表現

熟語編

RANK 👑

動詞句

その他の熟語

☑ 1147
come up to ～
～のところまで来る, ～に近づく

例 A man **came up to** me and asked me where the bus stop was.
（1人の男性が私に近づいてきて, バス停がどこかを尋ねた。）

☑ 1148
come close to *do*ing
危うく～しそうになる

例 He **came close to** dropp**ing** the glass from his hand.
（彼は危うく手からグラスを落としそうになった。）

☑ 1149
come out
（太陽・本などが）出る

例 His new novel will **come out** next month.（彼の新しい小説が来月出版される。）

まとめてCheck!	動詞句をPlus！── come＋副詞[前置詞]
come around	（年中行事などが）巡って来る
come back	帰る, 戻って来る
come from ～	～出身である
come over	やって来る

☑ 1150 **come true** 実現する

例 I hope your dream will **come true** in the future.
（あなたの夢が将来実現することを願っています。）

☑ 1151 **come up with ～** （考えなど）を思いつく

例 He **came up with** a solution to the problem.
（彼はその問題の解決策を思いついた。）

☑ 1152 **come across ～** 偶然～に会う, ～を見つける

例 I **came across** my old friend at the station. （私は駅で偶然旧友に出会った。）

☑ 1153 **come to *do*** ～するようになる, （偶然）～するに至る

例 The gesture **came to** be known as the peace sign.
（そのしぐさはピースサインとして知られるようになった。）

RANK 必ずおさえておくべき重要熟語

makeを使う表現

☑ 1154 **make a mistake** 間違える, 失敗する

例 I **made a mistake** in my piano performance. （ピアノ演奏で間違えた。）

熟語編 / RANK / 動詞句 / その他の熟語

1155 make a speech — 演説[スピーチ]をする

例 The mayor **made a speech** about the history of our city.
（市長は私たちの市の歴史についてスピーチをした。）

1156 make (a) noise — 音を立てる, 騒ぐ

例 Some students **made noise** in the middle of the ceremony.
（式の最中，生徒の何人かが騒いだ。）

1157 make a decision — 決断[決意]する

例 We need to **make a** final **decision** about the matter.
（その件について私たちは最終決定をする必要がある。）

1158 make effort(s) — 努力する

例 The teacher **made efforts** to improve his students' English.
（その教師は生徒の英語を改善しようと努力した。）

1159 make a difference — 重要な影響[結果]をもたらす

例 Your programming skills will **make a difference** in your job.
（あなたのプログラミングのスキルは仕事で重要になるだろう。）

1160 make a reservation — 予約する

例 Could I **make a reservation** for a twin room tonight?
（今晩，ツインルームを予約したいのですが。）

☑ 1161 **make progress** 進歩する, 上達する

例 The student **made** good **progress** in English.
(その生徒は英語が非常に上達した。)

☑ 1162 **make sense** (行動・説明などが)**理にかなう**,
(文章などが)**分かりやすい**

例 The theory **makes sense** from an evolutionary point of view.
(その理論は進化論の見地から見ると理にかなっている。)

☑ 1163 **make up *one's* mind to *do*** ～することに決める

例 He **made up his mind to** live in Japan. (彼は日本で暮らすことに決めた。)

☑ 1164 **make friends with ～** ～と友達に[親しく]なる

例 She **made friends with** a girl from Hawaii.
(彼女はハワイから来た女の子と友達になった。)

☑ 1165 **make an appointment with ～** ～と会う約束[の予約]をする

例 Have you **made an appointment with** the dentist?(歯医者の予約をしましたか。)

☑ 1166 **make use of ～** ～を利用する

例 They had only a few books that they **made use of** for learning the language.
(彼らがその言語を学ぶために利用できる本はわずかしかなかった。)

☑ 1167
make the most of ～　　～を（目一杯）活用する

例 He **made the most of** his father's status to get the job.
（彼はその職を得るために父親の地位を最大限に活用した。）

☑ 1168
make fun of ～　　　　～をからかう

例 My classmates **made fun of** me because I couldn't swim.
（私は泳げなかったのでクラスメイトにからかわれた。）

☑ 1169
make *one's* way to ～　　～へ進む, ～へ向かう

例 The party slowly **made their way to** the top of the mountain.
（一行は山頂に向かってゆっくり進んでいった。）

☑ 1170
make up for ～　　　　（不足・損失）を補う, ～の埋め合わせをする

例 He tried to **make up for** his lack of experience by hard work.
（彼は経験不足を懸命な努力で補おうとした。）

☑ 1171
make *one*self at home　　くつろぐ

例 Please sit down and **make yourself at home**.
（どうぞお掛けになってくつろいでください。）

まとめてCheck!	動詞句をPlus！ —— make＋副詞[前置詞]		
make for ～	～の方へ向かう	make out	～がなんとか見える、～がなんとか聞こえる
make A from B	BからAを作る	make up	化粧する
make A of B	BでAを作る		

熟語編

RANK

動詞句

その他の熟語

☑ 1172
make it

うまくいく, (時間に)間に合う

例 I took a taxi and **made it** in time to catch the plane.
(私はタクシーに乗って飛行機に間に合った。)

☑ 1173
make sure (that)...

必ず…するようにする

例 **Make sure** you are not late for the meeting.
(会議に遅れないようにしてください。)

RANK 必ずおさえておくべき重要熟語

goを使う表現

☑ 1174
go ahead

先に行く

例 Please **go ahead**. I'll go later. (どうぞ先に行ってください。私は後で行きます。)

☑ 1175
go wrong

うまくいかない, (機械が)きちんと作動しない

例 If anything **goes wrong** with the computer, please tell me.
(コンピューターがうまく作動しないときは知らせてください。)

☑ 1176
go against ～

～に反する, ～に背く

例 His dream for the future **went against** his parents' wishes.
(彼の将来の夢は両親の願いに反していた。)

go through ～

☑ 1177

(苦難など)を経験する

例 The company has **gone through** a lot of difficulties.
（その会社は多くの困難を経験してきた。）

RANK

必ずおさえておくべき重要熟語

putを使う表現

熟語編

RANK

動詞句

その他の熟語

---

put on

☑ 1178

～を(身に)着ける, ～を着用する

例 Would you like to **put** this new dress **on** now?
（この新しいドレスを今着たいですか。）

---

put out

☑ 1179

(明かり・火)を消す

例 Can you **put out** these candles? （これらのろうそくを消してもらえますか。）

---

put down

☑ 1180

～を書き留める;～を下に置く

例 I **put down** what I was told. （私は言われたことを書き留めた。）

まとめてCheck! 同意語・同意表現をCheck!	
make it(うまくいく)	=succeed
go through ～((苦難など)を経験する)	=suffer, experience
put out((明かり・火)を消す)	=extinguish
put down(～を書き留める)	=write down

☑ 1181
put away
~を片付ける

- We have to **put** these books **away** as soon as possible.
  （私たちはできるだけ早くこれらの本を片付けなければならない。）

☑ 1182
put off
~を延期する

- The baseball game will be **put off** until next Saturday.
  （その野球の試合は次の土曜日に延期されるだろう。）

☑ 1183
put up with ~
~を我慢する, ~に耐える

- You don't have to **put up with** the noise.
  （あなたはその騒音を我慢する必要はない。）

☑ 1184
put ~ into practice
~を実践[実行]する

- The plan was immediately **put into practice**.
  （その計画は直ちに実行に移された。）

RANK 必ずおさえておくべき重要熟語

takeを使う表現

☑ 1185
take a look at ~
~を(一度)見る

- **Take a look at** this picture. （この写真を見なさい。）

1186 take a seat　　　座る, 席に着く

例 Please **take a seat** here and wait for a while.
（こちらにお座りになってしばらくお待ちください。）

1187 take care of ～　　　～の世話をする, ～の面倒を見る

例 She has been busy **taking care of** sick animals.
（彼女は病気の動物の世話でずっと忙しい。）

1188 take a break　　　一休みする

例 Shall we **take a break**?（一休みしましょうか。）

1189 take a nap　　　昼寝をする

例 I want to **take a nap** right now.（今すぐに昼寝したい。）

1190 take a deep breath　　　深呼吸をする

例 I **took a deep breath** to calm myself.
（私は心を落ち着かせるために深呼吸をした。）

まとめてCheck!　同意語・同意表現をCheck!	
put away（～を片付ける）	=clear, tidy
put off（～を延期する）	=postpone
put up with ～（～を我慢する）	=bear, stand
take care of ～（～の世話をする）	=look after ～

熟語編

RANK

動詞句

その他の熟語

☑ 1191

take part in ～

～に参加する

例 I'm going to **take part in** the judo tournament next weekend.
（私は次の週末に柔道大会に参加する予定だ。）

☑ 1192

take place

(行事が)**行われる,** (事件などが)
起こる

例 When and where will the next competition **take place**?
（次の競技会はいつどこで行われますか。）

☑ 1193

take the place of ～

～に取って代わる, ～の代わ
りをする

例 These robots will **take the place of** human beings in the future.
（将来これらのロボットが人に取って代わるだろう。）

☑ 1194

take ～ to *do*

…するのに～(時間・労力)がか
かる

例 It may **take** several years for the bridge **to** be rebuilt.
（その橋は再建されるのに数年かかるかもしれない。）

☑ 1195

take[mistake] A for B

Aを(誤って)Bだと思い込む,
間違える

例 The coach **took** me **for** my brother. （コーチは私を私の兄と間違えた。）

☑ 1196

take advantage of ～

～をうまく[都合のいいよう
に]利用する

例 The company made a big profit by **taking advantage of** the country's cheap
labor. （会社はその国の安価な労働力を利用して大もうけした。）

☑ 1197 take ～ into account　　　　　～を考慮に入れる

例 You should **take** these differences **into account** when giving advice to students.（生徒たちに助言するときはこれらの違いを考慮に入れるべきだ。）

☑ 1198 take off　　　　　（身に着けていたもの）を脱ぐ、～を取る

例 In Japan, it's common sense to **take** your shoes **off** when you get home.（日本では帰宅したときに靴を脱ぐのは常識だ。）

☑ 1199 take over　　　　　～を引き継ぐ

例 I want you to **take over** this task.（私はあなたにこの仕事を引き継いでほしいのです。）

RANK

必ずおさえておくべき重要熟語

turnを使う表現

☑ 1200 turn on　　　　　（スイッチを押すなどして）（テレビ・明かりなど）をつける、（水・ガスなど）を出す

例 She **turned on** her computer to check her e-mail.（彼女はメールをチェックするためにコンピューターの電源を入れた。）

まとめてCheck!	意味をPlus！── take off
離陸する	**take off** from Narita airport（成田空港から離陸する）
（一定期間）を休暇として取る	**take** a day **off**（1日休みを取る）

熟語編

RANK

動詞句

その他の熟語

☑ 1201

turn off

(スイッチを押すなどして)(テレビ・明かり
など)を消す, (水・ガスなど)を止める

例 We should **turn off** lights as much as possible to cut down on energy use.
（エネルギー消費を減らすために明かりはできるだけ消した方がいい。）

☑ 1202

turn down

(招待・要求・申し出など)を断る；
(ボリュームなど)を下げる

例 Why did you **turn down** their invitation?
（あなたはなぜ彼らの招待を断ったのですか。）

☑ 1203

turn A into B

AをBに変える

例 He **turned** the warehouse **into** a restaurant.
（彼はその倉庫をレストランに変えた。）

☑ 1204

turn out to be ～

(意外にも)～であることが分かる

例 His theory finally **turned out to be** correct.
（彼の理論は最終的に正しいことが分かった。）

RANK

必ずおさえておくべき重要熟語

keepを使う表現

☑ 1205

keep *one's* promise [word]　約束を守る

例 He **kept his promise** to come to the party.（彼は約束を守ってパーティーに来た。）

1206 keep away from ～　　　～に近づかない

例 She told her son to **keep away from** the river.
（彼女は息子にその川に近づかないようにと言った。）

1207 keep up with ～　　　（最新の情報）について行く

例 It's hard for me to **keep up with** new technology.
（私には新しいテクノロジーについて行くのは大変だ。）

1208 keep (on) *doing*　　　～し続ける, 何度も繰り返し～する

例 Two girls behind me in the movie theater **kept** talk**ing**.
（映画館で後ろの2人の少女たちが話し続けていた。）

1209 keep in touch with ～　　　～と連絡を取り続ける

例 Shall we **keep in touch with** each other?（お互いに連絡を取り続けましょう。）

1210 keep ～ in mind　　　～を心に留めておく, ～を覚えておく

例 I'll always **keep** your words **in mind**.
（あなたの言葉をいつも心に留めておきます。）

熟語編
RANK
動詞句
その他の熟語

まとめてCheck!	動詞句をPlus! ── turn＋副詞
turn away	顔を背ける；～を追い払う
turn out	（明かりなど）を消す
turn over	～をひっくり返す；ひっくり返る
turn up	（ボリュームなど）を上げる；現れる

RANK 👑 必ずおさえておくべき重要熟語

thinkを使う表現

☑ 1211

think of A as B

AのことをBだと考える

例 Most people **think of** sharks **as** dangerous fish that attack humans.
（ほとんどの人はサメのことを人を襲う危険な魚だと考えている。）

☑ 1212

think A to be B

AをBであると考える

例 These plants were once **thought to be** toxic.
（これらの植物はかつて有毒だと考えられていた。）

☑ 1213

think over

（決断する前に）〜についてよく考える

例 Would you give me some time to **think over** your proposal?
（あなた方のご提案についてよく考える時間をいただきたいのですが。）

RANK 👑 必ずおさえておくべき重要熟語

breakを使う表現

☑ 1214

break down

故障する

例 His motorcycle **broke down** on the highway.
（彼のオートバイは幹線道路上で故障した。）

☑ 1215 **break out**　　　　　　　　（戦争などが）**勃発する**

例 She was born in the year the war **broke out**.
（彼女はその戦争が勃発した年に生まれた。）

RANK **必ずおさえておくべき重要熟語**

bringを使う表現

熟語編

RANK

動詞句

その他の熟語

☑ 1216 **bring up**　　　　　　　　（大人になるまで）**〜を育てる**

例 She and her brother were **brought up** by their grandparents.
（彼女と弟は祖父母に育てられた。）

☑ 1217 **bring about**　　　　**〜を引き起こす，（変化など）をもたらす**

例 This movement may **bring about** significant changes in our society.
（この運動は私たちの社会に大きな変化をもたらすかもしれない。）

RANK **必ずおさえておくべき重要熟語**

doを使う表現

☑ 1218 **do 〜 harm**　　　　**〜に損害を与える，〜に危害を及ぼす**

例 Such behavior will **do** your reputation a lot of **harm**.
（そのような行為はあなたの評判を大いに傷つけるだろう。）

| ☑ 1219 **do well** | (仕事で)うまくいく, (学校で)成績が良い |

例 I **did** very **well** on my math exam. （私は数学の試験の成績がとても良かった。）

RANK

必ずおさえておくべき重要熟語

lookを使う表現

| ☑ 1220 **look for ～** | ～を探す |

例 I'm **looking for** a new pair of skis. （私は新しいスキーを 1 組探している。）

| ☑ 1221 **look after ～** | ～の世話をする, ～の面倒を見る |

例 Will you **look after** my child while I'm away?
（私が出掛けている間, 子どもの面倒を見ていてくれるかな。）

| ☑ 1222 **look into ～** | (問題・犯罪など)を調べる, ～を調査する |

例 The police have been **looking into** the death of an unidentified man.
（警察は身元不明の男性の死の調査を続けている。）

| ☑ 1223 **look up** | (本・インターネットなどで)～を調べる |

例 I **looked up** the phone number of the restaurant on the Internet.
（私はインターネットでレストランの電話番号を調べた。）

☑ 1224 **look over ～**　　　　　～にざっと目を通す

例 Would you **look over** these figures to see if there are any mistakes?
（これらの数字に目を通して間違いがないか確かめていただけますか。）

☑ 1225 **look up to ～**　　　　　～を尊敬する

例 A lot of young people **look up to** the artist.
（多くの若者がその芸術家を尊敬している。）

☑ 1226 **look down on ～**　　　　　～を見下す

例 I wonder why she **looks down on** them.（彼女はどうして彼らを見下すのだろう。）

RANK 必ずおさえておくべき重要熟語

seeを使う表現

☑ 1227 **see off**　　　　　（駅・空港・港などで）～を見送る

例 We will **see** her **off** at the airport.　（私たちは彼女を空港で見送るつもりです。）

まとめてCheck!	動詞句をPlus！── look＋副詞［前置詞］
look around	辺りを見回す
look back	振り返る；回想する
look forward to ～	～を楽しみに待つ
look through ～	～を通して見る；～をよく調べる

☑ 1228
see if ...

…かどうか確かめる

例 Let's call him to **see if** he can join us.
（彼に電話して私たちに合流できるか確かめよう。）

☑ 1229
see (to it) that ...

必ず…するように手配する
[気を付ける]

例 Can you **see to it that** all the windows are closed?
（必ず窓が全部閉まっているようにしてね。）

RANK 必ずおさえておくべき重要熟語

callを使う表現

☑ 1230
call out

〜を大声で言う

例 The winning numbers were **called out** one by one, and I checked my ticket.
（当選番号が1つずつ読み上げられ，私はチケットを確かめた。）

☑ 1231
call for 〜

〜を要求する

例 They **called for** the immediate release of political prisoners.
（彼らは政治犯の即時釈放を要求した。）

☑ 1232
call off

〜を中止する

例 The baseball game was **called off** because of heavy rain.
（その野球の試合は大雨で中止された。）

RANK 👑 必ずおさえておくべき重要熟語

runを使う表現

☑ 1233
run after ～　　　　　　　　～を追い掛ける

例 I saw a dog **running after** a hare.（私は犬がウサギを追い掛けているのを見た。）

☑ 1234
run out of ～　　　　　　　～がなくなる

例 We must hurry because we're **running out of** time.
（時間がなくなってきたから急がないといけない。）

RANK 👑 必ずおさえておくべき重要熟語

その他の動詞を使う表現

☑ 1235
check in　　　　　(ホテルなどで)宿泊の手続きをする，
　　　　　　　　　　　(飛行機の)搭乗手続きをする

例 What time did you **check in** at the hotel?
（あなたは何時にホテルにチェックインしましたか。）

まとめてCheck!	動詞句をPlus！── run＋副詞[前置詞]
run across ～	～に偶然出会う
run away	逃げる
run into ～	～にぶつかる
run over	(車などが)～をひく

☑ 1236 **check out** 〜を見てみる,(場所)に行ってみる

例 Please **check out** our website for more information.
（詳細については私どものサイトをご覧ください。）

☑ 1237 **dress up** 正装する

例 Everyone **dressed up** for the award ceremony.
（授賞式のために皆が正装していた。）

☑ 1238 **drop by** ひょいと立ち寄る

例 Please **drop by** anytime today.（今日のいつでもいいので立ち寄ってください。）

☑ 1239 **eat out** 外食する

例 I rarely **eat out** these days.（最近はめったに外食しない。）

☑ 1240 **end up with 〜** （結果的に）〜で終わる

例 If you swim in this river, you could **end up with** a nasty upset stomach.
（この川で泳いだら，ひどい腹痛になるかもしれない。）

☑ 1241 **grow up** 成長する,大人になる

例 He was born in Greece, but **grew up** in Germany.
（彼はギリシャで生まれたが，ドイツで育った。）

熟語編

RANK

動詞句

その他の熟語

☑ 1242 hang up
電話を切る

例 Let me speak to Ken before you **hang up**. （電話を切る前にケンと話をさせて。）

☑ 1243 show up
現れる, やって来る

例 We arranged to meet at the station at three, but he didn't **show up**.
（私たちは 3 時に駅で会うと決めていたが, 彼は現れなかった。）

☑ 1244 slow down
速度が落ちる, 減速する；鈍化する

例 Economic growth in the country has **slowed down** over the past several years. （ここ数年その国の経済成長は鈍化している。）

☑ 1245 stand out
目立つ

例 Red fall leaves **stood out** against the blue sky.
（紅葉が青空を背景に映えていた。）

☑ 1246 wake up
目を覚ます

例 This morning, I **woke up** to find myself on the floor.
（今朝目が覚めると床の上に寝ていた。）

☑ 1247 carry out
〜を実行する

例 They **carried out** extensive tests on the patients.
（彼らは患者に精密な検査を行った。）

☑ 1248
cheer up　　　　　　　　〜を元気づける

例 Every week, they go to the hospital to **cheer up** children suffering from serious illnesses.
（彼らは毎週，病院に行って重い病気に苦しんでいる子どもたちを励ましている。）

☑ 1249
figure out　　　　　　　〜を理解する；〜を計算する

例 I couldn't **figure out** what he really meant.
（彼の真意が私には理解できなかった。）

☑ 1250
fill out[in]　　　　　　〜に書き込む，〜に記入する

例 You need to **fill out** this application form.
（この申込書に記入する必要があります。）

☑ 1251
fill up　　　　　　　　　〜を満たす

例 She **filled up** her cup with coffee.（彼女は自分のカップをコーヒーで満たした。）

☑ 1252
find out　　　　　　　　〜を見つけ出す，〜が分かる，〜を調べる

例 I was sad to **find out** that the shop was closed.
（その店が閉店したことが分かって私は悲しかった。）

☑ 1253
give up　　　　　　　　〜を諦める，〜をやめる

例 They had no choice but to **give up** their original plan.
（彼らは当初の計画を諦めざるを得なかった。）

☑ 1254

hand in   ～を提出する

例 He couldn't **hand in** his report on time.
（彼は報告書の提出を間に合わせることができなかった。）

☑ 1255

leave behind   ～を置き忘れる

例 She **left** her cell phone **behind**.（彼女は携帯電話を置き忘れた。）

☑ 1256

pick up   ～を(車などで)迎えに行く

例 I **picked** him **up** at the airport yesterday.（昨日，空港まで車で彼を迎えに行った。）

☑ 1257

point out   ～を指摘する

例 He **pointed out** the difference in meaning between the two words.
（彼はその2つの語の意味の違いを指摘した。）

☑ 1258

set up   (組織など)を設立する

例 We **set up** our company 20 years ago.（私たちは20年前に会社を立ち上げた。）

まとめてCheck!	同意語・同意表現をCheck！
figure out(～を理解する)	=understand
hand in(～を提出する)	=submit, turn in
set up((組織など)を設立する)	=establish

熟語編

RANK

動詞句

その他の熟語

1259 start up

(事業など)を起こす

例 She wants to **start up** a cake shop in the future.
(彼女は将来ケーキショップを開きたいと思っている。)

1260 throw away

〜を投げ捨てる

例 Don't **throw away** cigarette ends. (たばこの吸い殻を捨ててはいけない。)

1261 stay[sit] up late

夜更かしをする

例 I **stayed up late** to study for the exams. (試験勉強をするため夜更かしした。)

1262 catch up with 〜

〜に追い付く

例 They tried to **catch up with** her. (彼らは彼女に追い付こうとした。)

1263 drop in at[on] 〜

〜にちょっと立ち寄る

例 He **dropped in at** my house yesterday. (昨日, 彼はわが家に立ち寄ってくれた。)
drop in at ＋場所／ drop in on ＋人

1264 reach out for 〜

〜を取ろうと手を伸ばす

例 She **reached out for** a book on the table.
(彼女はテーブルの上の本を取ろうと手を伸ばした。)

1265 watch out for 〜 　　〜に気を付ける

例 **Watch out for** sharks!（サメに気を付けて！）

1266 behave *one*self 　　行儀良く振る舞う

例 She hopes her son **behaves himself**.
（彼女は息子が行儀良くしてくれるよう望んでいる。）

1267 change *one's* mind 　　気が変わる

例 Did he **change his mind**?（彼は気が変わったのですか。）

1268 lose *one's* way 　　道に迷う

例 We **lost our way** in the mountains.（われわれは山の中で道に迷った。）

1269 shake hands (with 〜) 　　(〜と)握手する

例 The singer **shook hands with** a lot of her fans.
（その歌手はたくさんのファンと握手をした。）

1270 tell a lie 　　うそをつく

例 He sometimes **tells lies**.（彼は時々うそをつく。）

☑ 1271
try *one's* best

最善を尽くす

例 Let's **try our best** to win the game. （試合に勝つようベストを尽くそう。）

☑ 1272
leave ～ alone

～をひとりにしておく；～を
そのままにしておく

例 **Leave** me **alone**. （私をひとりにしておいてちょうだい［邪魔しないで］。）

☑ 1273
change A into B

AをBに変える

例 The Bible says Jesus **changed** water **into** wine.
（聖書にはキリストが水をワインに変えたとある。）

☑ 1274
compare A with B

AをBと比較する

例 You shouldn't **compare** yourself **with** others.
（自分を他人と比べない方がいいよ。）

☑ 1275
exchange A for B

AをBと交換する

例 I would like to **exchange** this **for** another one. （これを他の物と交換したいです。）

☑ 1276
help A with B

AのBを手伝う

例 Jim often **helps** his sister **with** her homework.
（ジムはよく妹の宿題を手伝ってやる。）

☑ 1277

lead A to B

AをBに連れて行く

例 That street **leads** you **to** the park. (あの道を行けば公園に行けます。)

☑ 1278

name A after B

Bの名にちなんでAに名前を付ける

例 We **named** our son **after** my grandfather.
(私たちは，息子に私の祖父の名を付けた。)

☑ 1279

pay attention to ～

～に注意を払う

例 She **paid attention to** his reaction. (彼女は彼の反応に注意を払った。)

☑ 1280

prefer A to B

BよりAを好む

例 I **prefer** winter **to** summer. (私は夏よりも冬の方が好きだ。)

☑ 1281

provide A with B

AにBを供給する

例 The company **provides** their sales staff **with** cell phones.
(その会社は営業社員に携帯電話を支給している。)

☑ 1282

regard A as B

AをBと見なす

例 He at first **regarded** her advice **as** useless.
(彼は，最初彼女のアドバイスを役に立たないと思っていた。)

熟語編

RANK

動詞句

その他の熟語

☑ 1283 **remind A of B**　　　AにBを思い起こさせる

例 The picture **reminds** me **of** happy times.
（その写真を見ると幸せな時代がよみがえる。）

☑ 1284 **replace A with B**　　　AをBと取り換える

例 She wants to **replace** her car **with** a new one.
（彼女は車を新車に換えたいと思っている。）

☑ 1285 **search A for B**　　　Bを見つけようとAを探す

例 Ken **searched** the Internet **for** the location of the restaurant.
（ケンはそのレストランの場所をインターネットで調べた。）

☑ 1286 **separate A from B**　　　AをBから分離する

例 They use the machine to **separate** oil **from** seeds by pressure.
（彼らは，圧縮して種から油を分離するためにその機械を使う。）

☑ 1287 **tell A from B**　　　AをBと識別する

例 We couldn't **tell** Robert **from** Steve, his twin brother.
（私たちはロバートを双子の弟のスティーブと見分けることができなかった。）

☑ 1288 **translate[put] A into B**　　　AをBに翻訳する

例 Can you **translate** this letter **into** English?
（この手紙を英語に訳してくれますか。）

1289 believe in ～　　～の存在を信じる

例 My daughter **believes in** aliens. (娘は宇宙人の存在を信じている。)

1290 depend on[upon] ～　　～次第である

例 It **depends on** the weather whether the fair will be held or not.
(品評会が開催されるか否かは天候次第だ。)

1291 graduate from ～　　～を卒業する

例 He is going to **graduate from** college next year.
(彼は来年大学を卒業する予定だ。)

1292 hear from ～　　～から連絡をもらう

例 I **heard from** my aunt yesterday. (昨日, 叔母から連絡があった。)

1293 ask for ～　　～を求める

例 She bravely **asked for** a discount. (彼女は思い切って値引きを求めた。)

1294 hope for ～　　～を望む

例 We **hope for** her success. (私たちは彼女の成功を望んでいる。)

熟語編

RANK

動詞句

その他の熟語

☑ 1295

head for ~

~に向かう

例 Where are they **heading for**? (彼らはどこに向かっているのですか。)

☑ 1296

apply for ~

~を申し込む

例 He plans to **apply for** a part-time job as a waiter.
(彼はウエーターのアルバイトに応募するつもりだ。)

☑ 1297

lead to ~

~に通じる；~（という結果）に
つながる

例 I think it'll **lead to** a decrease in global warming.
(それは地球温暖化の速度を緩めることにつながると思う。)

☑ 1298

major in ~

~を専攻する

例 What did you **major in**? (あなたは何を専攻していましたか。)

☑ 1299

participate in ~

~に参加する

例 They all are going to **participate in** the school festival.
(彼らは皆，文化祭に参加する予定だ。)

☑ 1300

pass by ~

~のそばを通り過ぎる

例 An ambulance **passed by** my house with its siren blaring.
(救急車が，サイレンを鳴らしながらわが家のそばを通り過ぎた。)

熟語編

RANK

動詞句

その他の熟語

☑ 1301 pay for ～　　　　　　　　　　～の代金を支払う

例 Can I **pay for** this sweater with my credit card?
（このセーターの代金をクレジットカードで支払うことはできますか。）

☑ 1302 rely on ～　　　　　　　　　　　～を頼る

例 We often **rely on** buses when we go out.
（私たちは外出の際，バスのお世話になることが多い。）

☑ 1303 result from ～　　　　　　　～の結果として起こる

例 The poor rice crop **resulted from** lack of sunlight.（日照不足で米が不作だった。）

☑ 1304 result in ～　　　　　　　　　～という結果になる

例 Her life of luxury **resulted in** bankruptcy.
（彼女はぜいたくな生活をして破産した。）

☑ 1305 sound like ～　　　（聞いたり読んだりした内容が）～のように思われる

例 That **sounds like** a foolish idea. （それは，ばかげた考えのように思われる。）

☑ 1306 stand by ～　　　　　　　　　～を支援する

例 Can you **stand by** him when he is criticized?
（彼が非難されても，あなたは彼に味方できますか。）

☑ 1307

stand for ～

（略号などが）～を表す，～を意味する

例 What does "BBC" **stand for**?（「ＢＢＣ」は何を意味していますか。）

☑ 1308

start with ～

～で始まる

例 We **started with** a beginner course.（私たちは初級コースから始めた。）

☑ 1309

stay in bed

（ふだんなら起きている時間に起きずに）寝ている

例 The doctor told her to **stay in bed** for a few days.
（医者は彼女に2，3日安静にしているようにと言った。）

☑ 1310

succeed in ～

～に成功する

例 They **succeeded in** persuading her.（彼らは彼女を説得することに成功した。）

☑ 1311

wait for ～

～を待つ

例 We **waited for** a taxi in the cold.（寒い中，私たちはタクシーを待った。）

☑ 1312

wonder about ～

～についてあれこれ思い巡らす

例 She is **wondering about** his real intentions.
（彼女は彼の真意についてあれこれ考えている。）

1313 work for ~ ~に勤めている

例 My father **works for** a publishing company. (父は出版社に勤めている。)

1314 fall asleep 眠り込む

例 I **fell asleep** at my desk last night. (私は昨晩机で眠り込んでしまった。)

1315 stay away from ~ (高カロリー食品など)を控える

例 You should **stay away from** sweets. (甘いものを控えた方がいい。)

RANK 必ずおさえておくべき重要熟語

助動詞的な意味を持つ表現

1316 be unable to *do* ~することができない

例 He **was unable to** find a job in his hometown.
(彼は地元の町で仕事を見つけることができなかった。)

1317 used to *do* (以前は)よく~したものだ

例 Our family **used to** go hiking on weekends.
(私たちの家族は週末になるとハイキングに出掛けたものだ。)

☑ 1318

be about to *do*

〜しようとしている

....

例 When you called me, I **was about to** go out.
（あなたが電話をくれたとき，出掛けようとしているところでした。）

☑ 1319

be sure to *do*

必ず〜する

....

例 **Be sure to** lock the door when you leave home.
（家を出るときは必ずドアに鍵を掛けなさい。）

☑ 1320

be supposed to *do*

〜することになっている；〜
するはずだと思われている

....

例 It **was supposed to** be sunny on Sunday, but it was rainy.
（日曜日は晴れるはずだったが，雨だった。）

☑ 1321

be expected to *do*

〜することを求められる，
〜しなければならない

....

例 He **was expected to** finish the work by the end of the month.
（彼は月末までにその仕事を終えることを求められていた。）

☑ 1322

had better *do*

〜する方がいい

....

例 You **had better** see a doctor right away. （すぐに医者に行った方がいい。）

☑ 1323

would rather *do* than ...

…よりも（むしろ）〜したい

....

例 I**'d rather** stay home **than** go shopping. （買い物に出掛けるより，家にいたい。）

RANK 👑 必ずおさえておくべき重要熟語

be＋形容詞などの表現

☑ 1324
be bad[poor] at ～　　　～が下手である

例 He **is bad at** cooking.（彼は料理が苦手だ。）

☑ 1325
be full of ～　　　～でいっぱいである

例 The zoo **is** always **full of** people.（その動物園はいつも人でいっぱいだ。）

☑ 1326
be short of ～　　　～が不足している

例 I **was short of** money at that time.（その時私はお金が不足していた。）

☑ 1327
be proud of ～　　　～を誇りにしている

例 They **were proud of** their son.（彼らは息子を誇りにしていた。）

まとめてCheck!	同意語・同意表現をCheck!
be sure to do（必ず～する）	=be certain to do
be short of ～（～が不足している）	=lack, be lacking in ～
be proud of ～（～を誇りにしている）	=take pride in ～

☑ 1328

be aware of ～ 〜に気付いている

例 She **was**n't **aware of** her mistake.（彼女は自分の間違いに気付いていなかった。）

☑ 1329

be sure of[about] ～ 〜を確信している

例 He **was sure of** his success.（彼は自分の成功を確信していた。）

☑ 1330

be tired of ～ 〜に飽きている

例 I **was tired of** reading, so I went shopping.
（読書に飽きてきたので，買い物に出掛けた。）

☑ 1331

be scared of ～ 〜が怖い

例 I **was scared of** the big dog.（私はその大きな犬が怖かった。）

☑ 1332

be independent of ～ 〜から独立している

例 She wants to **be independent of** her parents.
（彼女は親から独立したいと思っている。）

☑ 1333

be dependent on[upon] ～ 〜に頼っている

例 He had to **be** financially **dependent on** his parents.
（彼は経済的に親に頼らざるを得なかった。）

☑ 1334

be based on ～　　　　～に基づいている

例 The novel **is based on** a true story.（その小説は実話に基づいている。）

☑ 1335

be worried about ～　　～を心配している

例 I'm not **worried about** his future.（彼の将来については何も心配していない。）

☑ 1336

be popular with[among] ～　～に人気がある

例 His music **is popular among** young people.（彼の音楽は若者の間で人気がある。）

☑ 1337

be crowded with ～　　　～で混雑している

例 The train **was crowded with** commuters.（電車は通勤客で混雑していた。）

☑ 1338

be satisfied with ～　　　～に満足している

例 My father **was**n't **satisfied with** my grades.
（父は私の成績に満足していなかった。）

☑ 1339

be familiar with ～　　　～に精通している

例 He **is familiar with** American literature.（彼はアメリカ文学に精通している。）

☑ 1340

be disappointed with[at] ～　～にがっかりしている

例 Some fans **were disappointed with** the band's performance.
（そのバンドの演奏にがっかりしているファンもいた。）

☑ 1341

be impressed with ～　～に感銘を受ける

例 I **was** really **impressed with** the beauty of Kyoto.
（私は京都の美しさに非常に感銘を受けた。）

☑ 1342

be involved in[with] ～　～に関係している, ～に関わっている

例 The actor **was involved in** a car accident.
（その俳優は自動車事故に巻き込まれた。）

☑ 1343

be related to ～　～と関連している

例 Climate change **is** closely **related to** global warming.
（気候変動は地球温暖化と密接な関係がある。）

☑ 1344

be close to ～　～に近い

例 The high school **is** very **close to** my house.（その高校は私の家にとても近い。）

☑ 1345

be similar to ～　～に似ている

例 Wallabies **are similar to** kangaroos.（ワラビーはカンガルーに似ている。）

1346 be used[accustomed] to ～　～に慣れている

例 He **was**n't **used to** driving a truck.（彼はトラックの運転には慣れていなかった。）

1347 be different from ～　～とは異なる

例 High school students in that country **are** very **different from** Japanese students.（その国の高校生は日本の高校生とはとても異なっている。）

1348 be ready for ～　～の用意ができている

例 I**'m ready for** my trip to Okinawa.（沖縄旅行の準備はできている。）

1349 be responsible for ～　～に責任がある

例 The company **is responsible for** the accident.（その会社に事故の責任がある。）

1350 be far from ～　決して～でない

例 The relationship between them **was far from** friendly.
（彼らの関係は友好的なものでは全くなかった。）

1351 be sold out　売り切れる

例 The tickets for the concert **were sold out** in an hour.
（そのコンサートのチケットは1時間で売り切れた。）

☑ 1352
be against ～
～に反対である

例 A lot of citizens **were against** closing the zoo.
（多くの市民がその動物園の閉鎖に反対だった。）

☑ 1353
be at a loss
途方に暮れている

例 I **was at a loss** about where to go. （どこへ行ったらいいか，私は途方に暮れた。）

☑ 1354
be on a diet
ダイエットしている

例 I don't eat cake. I'**m on a diet**. （ケーキは食べません。ダイエット中なんです。）

☑ 1355
be in contact with ～
～と連絡を取っている

例 I've **been in contact with** my friends from high school.
（高校の友達とはずっと連絡を取っている。）

☑ 1356
be in danger
危険な状態にある

例 The patient **is** now **in danger**. （その患者は今危険な状態にある。）

☑ 1357
be in (the) hospital
入院している

例 My mother **is in the hospital** this week. （母は今週入院している。）

☑ 1358 be in trouble
困っている, もめごとを起こしている

例 He **was in trouble** for drinking and driving.
(彼は飲酒運転でもめごとを起こしていた。)

☑ 1359 be made up of ～
～で構成されている

例 The baseball team **was made up of** fifteen players.
(その野球チームは 15 人の選手で構成されていた。)

☑ 1360 be said to *do*
～すると言われている

例 Baseball **is said to** be a national pastime in the U.S.
(野球は米国では国民的娯楽と言われている。)

RANK 必ずおさえておくべき重要熟語
準動詞を含む表現

☑ 1361 would like ～ to *do*
～に…してもらいたい

例 I**'d like** you **to** come to our party.
(私たちのパーティーに来ていただけたらと思います。)

☑ 1362 help ～ (to) *do*
～が…するのに役立つ

例 This book will **help** you **to** learn computer languages.
(この本はあなたがコンピューター言語を学ぶのに役立つでしょう。)

熟語編

RANK

動詞句

その他の熟語

213

☑ 1363

mean to *do*

〜するつもりである

例 I didn't **mean to** interrupt you. （あなたの邪魔をするつもりはありませんでした。）

☑ 1364

happen to *do*

偶然〜する

例 I **happened to** meet my old friend at the station. （駅で偶然旧友に会った。）

☑ 1365

never fail to *do*

必ず〜する

例 He **never fails to** have coffee for breakfast. （彼は朝食には必ずコーヒーを飲む。）

☑ 1366

be certain to *do*

きっと〜する

例 Your son **is certain to** be a good doctor.
（あなたの息子さんはきっといい医者になりますよ。）

☑ 1367

be likely to *do*

たぶん〜するだろう

例 It **is likely to** snow tonight. （今夜はたぶん雪になるだろう。）

☑ 1368

look forward to *do*ing

〜することを楽しみに待つ

例 I'm **looking forward to** play**ing** tennis with you again.
（あなたとまた一緒にテニスをすることを楽しみにしています。）

☑ 1369
spend ～ *do*ing
…して～を過ごす

例 He **spent** a lot of time read**ing** on the weekend.
(彼は週末は読書をして長時間過ごした。)

☑ 1370
can't help *do*ing
～せざるを得ない, ～せずには
いられない

例 When I saw his way of sleeping, I **couldn't help** laugh**ing**.
(彼の寝相を見たとき, 笑わずにはいられなかった。)

☑ 1371
feel like *do*ing
～したい気がする

例 I didn't **feel like** go**ing** out on the weekends.(週末は出掛ける気分ではなかった。)

☑ 1372
prevent[keep] ～ (from) *do*ing
～が…するのを妨げる

例 The vaccine **prevented** the disease **from** spread**ing**.
(そのワクチンが病気のまん延を防いだ。)

☑ 1373
be busy *do*ing
～するのに忙しい

例 The staff **were busy** prepar**ing** for the summer sale.
(スタッフはサマーセールの準備に忙しかった。)

☑ 1374
be worth *do*ing
～する価値がある

例 The movie isn't famous, but it **is worth** see**ing**.
(その映画は有名ではないが, 見る価値はある。)

熟語編

RANK

動詞句

その他の熟語

この章の学習記録を付ける

覚えたことを定着させるには,「繰り返し復習すること」が大切です。
この章の学習を一通り終えたら,下の学習記録シートに日付を書き
込み,履歴を残しましょう。

1	2	3	4	5	6	7	8	9	10
/	/	/	/	/	/	/	/	/	/
11	12	13	14	15	16	17	18	19	20
/	/	/	/	/	/	/	/	/	/
21	22	23	24	25	26	27	28	29	30
/	/	/	/	/	/	/	/	/	/
31	32	33	34	35	36	37	38	39	40
/	/	/	/	/	/	/	/	/	/
41	42	43	44	45	46	47	48	49	50
/	/	/	/	/	/	/	/	/	/

MEMO

必ずおさえておくべき

その他の熟語

この章では英検準2級に出る熟語のうち、前章で
扱った動詞句以外の熟語をまとめて紹介します。
この章でも、前章同様に、「型」ごとにまとめて配
列しています。効率を重視し、「型」にそって一気
にまとめて覚えてしまうとよいでしょう。

RANK 必ずおさえておくべき重要熟語

at＋αの表現

☑ 1375
at first
最初は

例 **At first** I enjoyed rural life, but then I got bored with it.
（最初は田舎暮らしを楽しんでいたが，その後，飽きてしまった。）

☑ 1376
at least
少なくとも

例 That picture costs **at least** one million yen.
（その絵は少なくとも 100 万円はする。）

☑ 1377
at (the) most
せいぜい

例 His sister is 15 years old **at (the) most**.（彼の妹はせいぜい 15 歳だ。）

☑ 1378
at the sight of ～
～を見て

例 The baby began to cry **at the sight of** the demon mask.
（赤ん坊は鬼のお面を見て泣きだした。）

☑ 1379
at the beginning of ～
～の初めに

例 They are going to go traveling **at the beginning of** next month.
（彼らは来月の初めに旅行に行く予定だ。）

1380 not 〜 at all　　少しも〜ない

例 Her joke was **not** funny **at all**. (彼女の冗談は全く面白くなかった。)

必ずおさえておくべき重要熟語

for＋αの表現

熟語編

RANK

動詞句

その他の熟語

1381 for the first time　　初めて

例 He baked bread **for the first time** in his life.(彼は生まれて初めてパンを焼いた。)

1382 for a while　　しばらくの間

例 Be quiet **for a while**, please. (しばらく静かにしてちょうだい。)

1383 for instance　　例えば

例 **For instance**, do you like green peppers? (例えば，ピーマンは好きですか。)

1384 for free　　無料で

例 The magazine is handed out **for free**. (その雑誌は無料で配布される。)

☑ 1385

for fun

楽しみのために, 趣味で

例 My mother plays tennis **for fun**. (母は趣味でテニスをしている。)

☑ 1386

for sure

確かに (は)

例 I cannot say **for sure**. (確かなことは言えません。)

☑ 1387

for short

略して

例 The World Health Organization is called the WHO **for short**.
(世界保健機構は略して WHO と呼ばれる。)

☑ 1388

for one thing

1つには

例 I remained silent—**for one thing**, I didn't have any ideas, and for another, I was exhausted.
(私は黙っていた。1つには見当がつかなくて, もう1つには疲れ切っていたからだ。)

RANK 必ずおさえておくべき重要熟語

in+αの表現

☑ 1389

in fact

実際は

例 **In fact**, we were looking forward to seeing him.
(実は, 私たちは彼に会うのを心待ちにしていたのだ。)

1390 in reality 実際は

例 He looks bold, but **in reality** he is timid. （彼は大胆なようで，実は臆病だ。）

1391 in practice 実際上は

例 The idea sounds good in theory, but is hard to do **in practice**.
（その考えは理論的には良いように思われるが，実際に行うのは難しい。）

1392 in a hurry 急いで

例 She was **in a hurry** then. （その時彼女は急いでいた。）

1393 in time 間に合って

例 They arrived there **in time**. （彼らは間に合うようにそこに着いた。）

1394 in other words 言い換えれば

例 He is my mother's brother, **in other words**, my uncle.
（彼は母の弟，つまり，私の叔父だ。）

1395 in a[one] sense ある意味では

例 **In a sense**, she knows how to enjoy life.
（ある意味，彼女は人生の楽しみ方を知っている。）

熟語編

RANK

動詞句

その他の熟語

☑ 1396

in many ways

いろいろな点で

例 They are different from each other **in many ways**.
（それらは多くの点で互いに異なっている。）

☑ 1397

in *one's* thirties

30代で

例 I entered the university **in my thirties**. （私は30代で大学に入った。）

☑ 1398

in addition (to 〜)

（〜に）加えて

例 He can play the piano **in addition to** the cello.
（彼はチェロに加えて，ピアノも弾くことができる。）

☑ 1399

in general

一般的に

例 **In general**, Japanese food is healthy. （概して，和食は健康的だ。）

☑ 1400

in detail

詳細に

例 Shall I explain it **in** more **detail**? （それについてもっと詳しく説明しましょうか。）

☑ 1401

in advance

前もって

例 You should buy the ticket to the musical **in advance**.
（そのミュージカルのチケットは前もって買っておくとよいでしょう。）

1402 in particular 特に

例 I don't have any complaints to make **in particular**. （これと言って不満はない。）

1403 in that case その場合には

例 **In that case**, I agree with you. （それだったら，君の意見に賛成だ。）

1404 (just) in case 念のため

例 He gave her his cell phone number **just in case**.
（念のため彼は彼女に携帯番号を教えた。）

1405 in any case とにかく

例 Let's calm him down, **in any case**. （とにかく彼を落ち着かせよう。）

1406 in spite of 〜 〜にもかかわらず

例 **In spite of** our efforts, the plan ended in failure.
（われわれの努力にもかかわらず，その計画は失敗に終わった。）

熟語編

RANK

動詞句

その他の熟語

まとめてCheck!	同意語・同意表現をCheck!
in general（一般的に）	=generally, generally speaking
in advance（前もって）	=beforehand
in any case（とにかく）	=anyway, anyhow
in spite of 〜（〜にもかかわらず）	=despite 〜

☑ 1407

in place of ～

～の代わりに

例 I took honey **in place of** sugar in my tea.
（砂糖の代わりに蜂蜜を紅茶に入れて飲んだ。）

☑ 1408

in the first place

そもそも

例 What causes asthma attacks **in the first place**?
（そもそもぜんそくの発作は何によって起こるのだろうか。）

☑ 1409

in the middle of ～

～の真ん中で

例 They went on a trip to Hawaii **in the middle of** August.
（彼らは 8 月半ばにハワイへ旅行に行った。）

☑ 1410

in the end

結局

例 **In the end**, he decided to become an actor. （結局，彼は役者になると決めた。）

☑ 1411

in conclusion

最後に

例 **In conclusion**, I would like to thank all our staff.
（最後に，スタッフ一同に感謝したいです。）

☑ 1412

in charge of ～

～を担当して

例 She is **in charge of** the new project.（彼女は新しいプロジェクトを担当している。）

☑ 1413
in line
一列に

例 Some people stood **in line** at the bus stop. （バス停で数人が列を作っていた。）

☑ 1414
in pairs
2つ1組になって

例 You should learn the words **in pairs**.
（それらの語は 2 語 1 組で覚えたらよいでしょう。）

☑ 1415
in turn
順番に

例 The teacher asked each student **in turn**. （先生は生徒たちに順番に質問した。）

☑ 1416
in return
お返しに

例 **In return**, we sang a Japanese song. （お返しに，私たちは日本の歌を歌った。）

☑ 1417
in the wrong direction
間違った方向に

例 They were headed **in the wrong direction**. （彼らは間違った方向へ進んでいた。）

熟語編

RANK

動詞句

その他の熟語

まとめてCheck!	同意語・同意表現をCheck！
in place of ～（～の代わりに）	=instead of ～
in the end（結局）	=at last, finally, after all
in line（一列に）	=in a queue

☑ 1418

in the distance

遠くで

例 I heard a dog barking **in the distance**. (遠くで犬が鳴いているのが聞こえた。)

☑ 1419

in the past

過去に, 昔は

例 **In the past**, there was a large city somewhere around here.
(かつてこの辺りのどこかに大きな都市があった。)

☑ 1420

in the long run

長い目で見れば

例 That form of alternative energy is economical **in the long run**.
(その代替エネルギーの形態は, 長い目で見れば経済的だ。)

☑ 1421

in the short run

短期的に見れば

例 **In the short run**, the company may achieve a turnaround.
(短期的に見れば, 会社は業績を回復するかもしれない。)

RANK 必ずおさえておくべき重要熟語

on＋αの表現

☑ 1422

on business

仕事で

例 My father often goes abroad **on business**. (父はよく仕事で海外に行く。)

☑ 1423

on sale

（商品が）**販売されて**

例 Is this model still **on sale**? （この型はまだ販売されていますか。）

☑ 1424

on foot

徒歩で

例 It takes about 15 minutes **on foot**. （徒歩で 15 分ほどかかる。）

熟語編

RANK

動詞句

☑ 1425

on the phone

電話（中）で

例 Sarah is **on the phone** with her mother. （サラは母親と電話で話している。）

☑ 1426

on the other hand

他方では

例 She is slender. Her sister, **on the other hand**, is overweight.
（彼女は痩せている。反対に彼女の姉は太っている。）

その他の熟語

☑ 1427

on *one's* own

1人で

例 He brought up his daughters **on his own**. （彼は 1 人で娘たちを育てた。）

まとめてCheck!	反意語・反意表現をCheck！
in the past	⇔ in the future（将来）
on business	⇔ for pleasure（楽しみで）
on sale	⇔ sold out（売り切れで）

☑ 1428

on purpose 故意に

例 I did the wrong thing **on purpose**. (私はわざと間違ったことをした。)

☑ 1429

on time 時間通りに

例 The match started **on time**. (試合は時間通りに始まった。)

☑ 1430

on schedule 予定通りに

例 The trains are running **on schedule**. (電車は予定通りに運行されている。)

☑ 1431

on (the[an]) average 平均して

例 He works **on average** eight hours a day. (彼は平均して1日8時間働く。)

☑ 1432

on earth 一体全体

例 What **on earth** are you doing here? (一体全体君はここで何をしているんだ?)

☑ 1433

on board 〜 (列車・飛行機など)に乗って

例 There were a lot of passengers **on board** the bus.
(そのバスにはたくさんの乗客が乗っていた。)

☑ 1434	**on the point of *do*ing**	まさに〜しようとして

例 The sun is **on the point of** sin**k**ing. （太陽がまさに沈もうとしている。）

RANK 必ずおさえておくべき重要熟語

as＋αの表現

熟語編 / RANK / 動詞句 / その他の熟語

☑ 1435	**as usual**	いつものように

例 **As usual**, she left home at eight o'clock.（いつものように彼女は8時に家を出た。）

☑ 1436	**as well**	その上

例 I have to write a report, and I have to meet with Susan **as well**.
（私はリポートを書かなければならない。その上、スーザンとも会わなければならない。）

☑ 1437	**A as well as B**	BだけでなくAもまた

例 He can speak Spanish **as well as** English.
（彼は英語だけでなくスペイン語も話すことができる。）

まとめてCheck! 同意語・同意表現をCheck!	
on purpose（故意に）	=deliberately, intentionally
on the point of *do*ing（まさに〜しようとして）	=about to *do*
A as well as B（BだけでなくAもまた）	=not only B but (also) A

229

☑ 1438

as 〜 as possible

できるだけ〜

例 I want to finish my homework **as** quickly **as possible**.
(なるべく早く宿題を終わらせたい。)

☑ 1439

as long as ...

…である限りは

例 **As long as** we cooperate with each other, our company will grow.
(われわれが互いに協力する限り、会社は発展するだろう。)

☑ 1440

as 〜 as ever

相変わらず〜

例 She is **as** cheerful **as ever**. (彼女は相変わらず快活だ。)

☑ 1441

as far as I know

私の知る限りでは

例 **As far as I know**, that restaurant is the best around here.
(私の知る限りでは、あのレストランはこの辺りで一番おいしい。)

☑ 1442

as if[though] ...

まるで…であるかのように

例 Tom behaves **as if** he were the leader.
(トムはまるでリーダーであるかのように振る舞う。)

☑ 1443

as a result

その結果として

例 **As a result**, he left the team. (その結果、彼はチームを辞めた。)

RANK 👑 必ずおさえておくべき重要熟語

by+αの表現

☑ 1444

by the way

ところで

例 **By the way**, are you going home at the end of the year?
（ところで，年末は帰省するのですか。）

☑ 1445

by car

車で

例 My father commutes to work **by car**. （父は車で通勤している。）

☑ 1446

by sea

海路で

例 I want to travel leisurely **by sea**. （ゆったりと船で旅をしてみたい。）

☑ 1447

by accident

偶然に

例 Her lost key was found **by accident** in the grass.
（なくした彼女の鍵が偶然草むらで見つかった。）

まとめてCheck! 同意語・同意表現をCheck！	
as far as I know（私の知る限りでは）	=to (the best of) my knowledge
as a result（その結果として）	=consequently, in consequence
by the way（ところで）	=incidentally
by accident（偶然に）	=by chance

熟語編

RANK 👑

動詞句

その他の熟語

☑ 1448	**by chance**	偶然に

例 We met him **by chance** yesterday.（昨日，私たちはたまたま彼に会った。）

☑ 1449	**by mistake**	間違って

例 He came out with his brother's umbrella **by mistake**.
（彼は間違えて弟の傘を持って出て来てしまった。）

☑ 1450	**by heart**	そらで

例 I must learn the poem **by heart** by tomorrow.
（明日までにその詩を暗記しなければならない。）

☑ 1451	**by far**	[比較級・最上級を強めて]はるかに

例 This is **by far** the most interesting manga I've ever read.
（これは今まで読んだ中で断トツに面白い漫画だ。）

☑ 1452	**by the end of ～**	～の終わりまでに

例 Can you check the attached document **by the end of** next week?
（来週末までに添付の書類をチェックしてもらえますか。）

☑ 1453	**by the time ...**	…する時までに（は）

例 **By the time** we reached the bus stop, the bus had already left.
（私たちがバス停に到着したころには，バスは既に出発してしまっていた。）

☑ 1454

by turns

（感情・性質などが）～になったり
…になったり

例 She was **by turns** angry and amused.（彼女は怒ったり面白がったりした。）

☑ 1455

little by little

少しずつ

例 The economy is recovering **little by little**.（経済は少しずつ回復している。）

熟語編

RANK

☑ 1456

one by one

1つずつ

例 Tom took the cookies out of the can **one by one**.
（トムは缶からクッキーを1つずつ取り出した。）

動詞句

☑ 1457

side by side

並んで

例 I walked on the beach **side by side** with him.（私は彼と並んで浜辺を歩いた。）

その他の熟語

☑ 1458

by nature

生まれつき

例 She is a good-hearted person **by nature**.（彼女は生まれつき心根の優しい人だ。）

まとめてCheck!	同意語・同意表現をCheck！
by mistake（間違って）	=accidentally
little by little（少しずつ）	=gradually
one by one（1つずつ）	=one at a time

RANK

必ずおさえておくべき重要熟語

その他の前置詞を含む表現

☑ 1459

| **to *one's* surprise** | 驚いたことに |

例 **To my surprise**, the president wrote back to me.
（驚いたことに，大統領が私の手紙に返事をくれた。）

☑ 1460

| **along with ～** | ～と共に |

例 Won't you come **along with** us?（私たちと一緒に行きませんか。）

☑ 1461

| **together with ～** | ～と共に |

例 Her son is playing in the park **together with** other children.
（彼女の息子は他の子どもたちと公園で遊んでいる。）

☑ 1462

| **with care** | 注意して |

例 Please handle the glasses **with care**.（グラスは注意して扱ってください。）

☑ 1463

| **with luck** | 運が良ければ |

例 **With luck**, we'll be home before the evening meal.
（運が良ければ，夕食前に家に帰れるだろう。）

☑ 1464
without fail 必ず

例 He calls his aged parents every day **without fail**.
（彼は毎日忘れずに年老いた両親に電話をする。）

RANK **必ずおさえておくべき重要熟語**

準動詞を含む表現

熟語編

RANK

動詞句

☑ 1465
enough to do ～するのに必要な量[数]

例 She couldn't earn **enough to** live on.
（彼女は生活できるだけの収入を得られなかった。）

☑ 1466
too ～ to do …するには～過ぎる

例 I was **too** sleepy **to** stay up last night.
（昨夜は，眠た過ぎて起きていることができなかった。）

その他の熟語

☑ 1467
in order to do ～するために

例 He is working hard **in order to** buy a car.
（彼は車を買うために一生懸命働いている。）

まとめてCheck! 同意語・同意表現をCheck！	
with care（注意して）	=carefully
too ～ to do（…するには～過ぎる）	=so ～ that a person can't do
in order to do（～するために）	=to do, so as to do

☑ 1468

to tell (you) the truth 実を言えば

例 **To tell you the truth**, I can't ride a bicycle. (実を言うと, 私は自転車に乗れない。)

☑ 1469

to be honest with you 正直に言うと

例 **To be honest with you**, it's me that secretly ate the cake.
(正直に言うと, ケーキを盗み食いしたのは私です。)

☑ 1470

to begin with 最初に

例 **To begin with**, she doesn't know us well.
(まず最初に, 彼女はわれわれのことをよく知らない。)

☑ 1471

to be sure 確かに

例 He is rich, **to be sure**, but he's not necessarily happy.
(確かに, 彼は裕福だが, 必ずしも幸せとは限らない。)

☑ 1472

for years to come この先何年も

例 We'll yearn for our home **for years to come**.
(私たちはこの先ずっと故郷を恋しく思うでしょう。)

☑ 1473

it is no use *doing* 〜しても無駄である

例 **It is no use** flattering him. (彼をおだてても無駄だ。)

1474

speaking[talking] of ～　　～と言えば

例 **Speaking of** Mark, he married Rita a few years ago.
（マークと言えば，数年前にリタと結婚したんだ。）

RANK

必ずおさえておくべき重要熟語

その他の表現

熟語編

RANK

動詞句

その他の熟語

1475

a couple of ～　　2, 3の～, いくつかの～

例 Can I ask you **a couple of** questions about your plan?
（あなたの計画について 2，3 質問してもいいですか。）

1476

plenty of ～　　たくさんの～

例 There is **plenty of** time for dinner.（夕食の時間はたっぷりある。）

1477

a number of ～　　いくつかの～

例 He wrote **a number of** books about wild animals.
（彼は野生物について何冊かの本を書いた。）
　　a large[small] number of ～「多[少]数の～」

1478

a great[good] deal of ～　　たくさんの～, 多量の～

例 He got **a good deal of** money on the business.
（彼はその事業で多額のお金を得た。）

☑ 1479

a variety of 〜

いろいろな〜, さまざまな〜

例 The shop sells **a variety of** flowers. （その店はさまざまな花を売っている。）

☑ 1480

a bunch of 〜

たくさんの〜, 多量の〜

例 You will find **a bunch of** new friends at college.
（あなたは大学でたくさんの新しい友達を見つけるだろう。）

☑ 1481

because of 〜

〜の理由で, 〜のために

例 The start of the game was delayed for an hour **because of** rain.
（雨のため試合開始が 1 時間遅れた。）

☑ 1482

instead of 〜

〜の代わりに

例 He began to work on a farm **instead of** going to college.
（彼は大学には行かないで, 代わりに農場で働き始めた。）

☑ 1483

ahead of 〜

〜の前で

例 A car **ahead of** me suddenly slowed down.
（私の前を走る車が突然スピードを落とした。）

☑ 1484

regardless of 〜

〜に構わず, 〜とは関係なく

例 The festival will be held on August 1st, **regardless of** weather conditions.
（その祭りは天候状況にかかわらず 8 月 1 日に開催される。）

☑ 1485

thanks to ～

～のおかげで

例 **Thanks to** the book, I could learn a lot about the culture of the country.
（その本のおかげで，私はその国の文化をたくさん学ぶことができた。）

☑ 1486

next to ～

～の隣に［の］

例 The bank is **next to** the post office.（その銀行は郵便局の隣にある。）

☑ 1487

according to ～

～によると

例 **According to** the weather forecast, it's going to be rainy tomorrow.
（天気予報によると，明日は雨が降りそうだ。）

☑ 1488

due to ～

～が原因で

例 The plane has been canceled **due to** engine trouble.
（その飛行機はエンジントラブルのため欠航になった。）

☑ 1489

across from ～

～の向こう側に

例 A woman with a baby was sitting **across from** me on the train.
（電車で赤ちゃんを連れた女性が私の向かいに座っていた。）

☑ 1490

apart from ～

～は別にして

例 **Apart from** Bill, there was no one I knew at the party.
（ビルを別にすれば，パーティーで知っている人はいなかった。）

熟語編

RANK

動詞句

その他の熟語

| ☑ 1491 | **above all** | とりわけ, 中でも |

例 **Above all**, our family's biggest news this year was my daughter's marriage.
（何よりもまず，今年わが家の最大のニュースは娘の結婚だった。）

| ☑ 1492 | **after a while** | しばらくすると |

例 **After a while**, it began to snow. （しばらくすると雪が降り始めた。）

| ☑ 1493 | **after all** | 結局（は） |

例 He had a lot of dreams for his future, but he decided to succeed to the family business **after all**.
（彼は将来の夢をたくさん持っていたが，結局は家業を継ぐことに決めた。）

| ☑ 1494 | **against *one's* will** | 自分の意に反して |

例 He had to follow the coach's instructions **against his will**.
（彼は自分の意に反してコーチの指示に従わざるを得なかった。）

| ☑ 1495 | **all at once** | 突然 |

例 **All at once**, my father lost his temper. （突然，父はかんしゃくを起こした。）

| ☑ 1496 | **all of a sudden** | 突然, 急に |

例 **All of a sudden**, it started to rain heavily. （突然，雨が激しく降り始めた。）

☑ 1497

all the time

いつでも, 常に

例 I use a computer **all the time** in my job.
(仕事中はコンピューターを常に使っている。)

☑ 1498

all the way

ずっと, はるばる

例 He walked **all the way** to the station. (彼は駅までずっと歩いた。)

☑ 1499

all (the) year round[around]

1年中

例 In the park, you can enjoy seeing various flowers **all year round**.
(その公園では，1年中さまざまな花を観賞できる。)

☑ 1500

before long

間もなく

例 We will arrive at Nagasaki **before long**. (私たちはもうすぐ長崎に着く。)

☑ 1501

(every) now and then

時々

例 I meet my college friends for drinks **now and then**.
(私は大学時代の友人と時々会って飲んでいる。)

☑ 1502

every other day

1日おきに

例 She goes shopping **every other day**. (彼女は1日おきに買い物に行く。)

熟語編

RANK

動詞句

その他の熟語

☑ 1503

from now on　　　　　今後, これから

例 Make sure you get to school on time **from now on**.
（これからは必ず時間通りに学校に来なさい。）

☑ 1504

from time to time　　　時々

例 This kind of accident happens **from time to time**.（この種の事故は時々起こる。）

☑ 1505

here and there　　　　あちこちに［で］

例 There were puddles **here and there** in the playground at the school.
（校庭のあちこちに水たまりができていた。）

☑ 1506

more or less　　　　　多かれ少なかれ, およそ, ほとんど

例 We have **more or less** finished the work.（私たちはほぼその仕事を終えている。）

☑ 1507

more 〜 than S expected　　Sが思っていた以上に〜

例 The school festival was **more** successful **than** we **had expected**.
（学園祭は私たちが思っていた以上に成功だった。）
主節が過去の場合 than 以降は過去形または過去完了形

☑ 1508

no longer 〜　　　　　もはや〜ない

例 That old computer is **no longer** being used.
（その古いコンピューターはもはや使われていない。）

1509 **no more than ～**　　　せいぜい〜しか

例 It is **no more than** one kilometer to the nearest station.
（一番近い駅までせいぜい 1 キロだ。）

1510 **once in a while**　　　時々

例 The couple has dinner at the restaurant **once in a while**.
（その夫婦は時々そのレストランで夕食を食べる。）

熟語編

RANK

励動詞句

1511 **over (a cup of) coffee**　　コーヒーを飲みながら

例 We talked about our dreams **over a cup of coffee**.
（私たちはコーヒーを飲みながら，夢について語り合った。）

その他の熟語

1512 **over and over (again)**　　何度も何度も

例 I've told him **over and over again** not to smoke.
（私は彼にたばこを吸うなと何度も言った。）

1513 **one after another**　　次から次へと

例 A lot of fireworks were set off in the night sky **one after another**.
（たくさんの花火が次から次へと夜空に打ち上げられた。）

1514 **right away**　　すぐに

例 I'll check the list **right away**. （すぐにリストをチェックします。）

1515
so far

今まで[そこまで]のところ

例 **So far**, about 100 companies have joined the project.
（これまで，約 100 社がそのプロジェクトに参加している。）

1516
sooner or later

遅かれ早かれ

例 He will leave the company **sooner or later**.
（遅かれ早かれ，彼は退社することになるだろう。）

1517
that way, ...

そうすることで…

例 **That way**, we can save a lot of electricity.
（そうすることで，私たちはたくさんの電力を節約することができる。）

1518
these days

最近は

例 She is very busy **these days**. （彼女は最近とても忙しい。）

1519
upside down

逆さまに

例 She put the cups **upside down** on the kitchen counter.
（彼女はキッチンカウンターの上にカップをひっくり返して置いた。）

1520
what is worse

さらに悪いことには

例 I missed the last train, and **what was worse**, it began to snow.
（私は最終電車に乗り遅れてしまい，さらに悪いことには雪が降り始めた。）

1521 the way ... …する方法

例 I don't agree with **the way** he works. (彼の仕事のやり方には賛成できない。)

1522 either A or B AかBのどちらか

例 We can go to the zoo **either** by train **or** by bus.
(動物園には電車かバスで行けます。)

1523 neither A nor B AでもBでもない

例 My father **neither** smokes **nor** drinks. (父はたばこも酒もやりません。)

1524 whether 〜 or not 〜かどうか

例 I don't know **whether** he likes cats **or not**.(彼が猫好きなのかどうかは知らない。)

1525 not only A but (also) B AばかりでなくBも

例 She can speak **not only** English **but also** French.
(彼女は英語ばかりでなくフランス語も話せる。)

1526 not A but B AでなくB

例 The team leader was **not** Bill **but** John.
(チームリーダーはビルではなくジョンだった。)

☑ 1527

not so much A as B

AというよりB

例 I'm interested **not so much** in modern buildings **as** in old temples in Japan.
（私は日本の現代的な建物よりも古い寺に興味がある。）

☑ 1528

even if ...

たとえ…でも

例 We will have the soccer game **even if** it rains.
（たとえ雨が降ってもサッカーの試合をします。）

☑ 1529

now (that) ...

今はもう…だから

例 **Now that** mom is over 90, it's better for her to live with us.
（お母さんももう 90 歳を過ぎたのだから，私たちと一緒に暮らした方がいい。）

☑ 1530

the first time ...

初めて…したときは

例 **The first time** I saw an F-1 race, I was surprised at the speed.
（初めて F-1 レースを見たときは，そのスピードに驚いた。）

☑ 1531

the instant (that) ...

…したとたん

例 **The instant** I saw the house, I liked it very much.
（その家を見てすぐに，私はそれがとても気に入った。）

☑ 1532

if only ...

…でありさえすれば

例 **If only** it were sunny. （晴れていたらいいのに。）

☑ 1533

so ～ that ...　　とても～なので…だ

例 The teacher was **so** kind **that** all the students liked her.
（先生はとても優しかったので，生徒はみんな彼女のことが好きだった。）

☑ 1534

so (that) S can[will, may] *do*　　Sが～できる[する]ように

例 Could you speak louder **so that** we **can** hear you?
（私たちに聞こえるように，もっと大きな声で話していただけますか。）

☑ 1535

～ and so on[forth]　　～など

例 I bought plates, glasses, cups **and so on**. （私は皿，グラス，カップなどを買った。）

☑ 1536

each other　　お互い（に[を]）

例 The boys looked at **each other** and laughed together.
（少年たちはお互いに見つめ合って，一緒に笑った。）

☑ 1537

one another　　お互い（に[を]）

例 The three players respected **one another**.（3人の選手はお互いに尊敬していた。）

☑ 1538

some ～ , others ...　　～するものもあれば，…するものもある

例 **Some** agreed with his plan, **others** disagreed.
（彼の計画に賛成の人もいれば，反対の人もいた。）

☑ 1539

nothing but ～　　　ただ～だけ

例 He drinks **nothing but** beer at parties. （彼は宴会でビールしか飲まない。）

☑ 1540

the same A as B　　　Bと同様のA

例 She ordered **the same** drink **as** mine. （彼女は私と同じ飲み物を注文した。）

☑ 1541

such as ～　　　（例えば）～などといった

例 You should refrain from exercise **such as** jogging for a while.
（しばらくはジョギングなどの運動は避けてください。）

☑ 1542

out of order　　　故障して

例 The elevator in our office was **out of order** this morning.
（今朝、会社のエレベーターが故障していた。）

☑ 1543

out of date　　　時代遅れで[の]

例 Mobile devices quickly become **out of date**. （モバイル機器はすぐに旧型になる。）

☑ 1544

of *one's* own　　　自分自身の, 専用の

例 He wanted a room **of his own**. （彼は自分だけの部屋が欲しかった。）

☑ 1545

something is wrong with ～　　～の調子が悪い

例 **Something is wrong with** my computer.
（私のコンピューターはどうも調子が悪い。）

☑ 1546

this is because ...　　これは…のためである

例 His eyes are shining in this photo. **This is because** the flash was used.
（この写真の彼の目は光っている。これはフラッシュが使われたからだ。）

☑ 1547

it is not until ～ that ...　　～まで…しない, ～になって初めて…する

例 **It was not until** yesterday **that** the flowers began to blossom.
（昨日になってようやく花が咲き始めた。）

☑ 1548

that's[this is] how ...　　その[この]ようにして…

例 **That's how** we found the missing dog.
（そのようにして私たちはいなくなった犬を見つけた。）

☑ 1549

that's[this is] why ...　　その[この]ようなわけで…

例 **That's why** he left college. （そのようなわけで彼は大学を中退した。）

☑ 1550

there is no doubt (that) ...　　…ということは疑いない

例 **There is no doubt that** exercise is good for your health.
（運動が健康に良いということは疑いない。）

249

この章の学習記録を付ける

覚えたことを定着させるには,「繰り返し復習すること」が大切です。
この章の学習を一通り終えたら,下の学習記録シートに日付を書き
込み,履歴を残しましょう。

1	2	3	4	5	6	7	8	9	10
/	/	/	/	/	/	/	/	/	/
11	12	13	14	15	16	17	18	19	20
/	/	/	/	/	/	/	/	/	/
21	22	23	24	25	26	27	28	29	30
/	/	/	/	/	/	/	/	/	/
31	32	33	34	35	36	37	38	39	40
/	/	/	/	/	/	/	/	/	/
41	42	43	44	45	46	47	48	49	50
/	/	/	/	/	/	/	/	/	/

MEMO

会話編

必ずおさえておくべき

会話表現

この章では英検準2級に出る会話表現を紹介します。ここに掲載されている会話表現は、英検準2級の大問2で出題される会話問題はもちろん、リスニングや二次試験に取り組む際にも核となるものばかりです。覚える際には、声に出して読みながら、取り組むことをお勧めします。

☑ 001

Anything else?

何か他にありますか。

例 **A**: You said you needed a red pen and a notebook. **Anything else?**
B: Yes. I need a pair of scissors, too.
A: 赤ペンとノートが必要と言っていたね。それ以外に何かある？
B: ええ。はさみも必要なの。

☑ 002

By all means.

ぜひどうぞ。

例 **A**: Can I visit you tomorrow?
B: **By all means!**
A: あしたお伺いしてもいいですか。
B: もちろんですとも！

☑ 003

Calm down.

落ち着いて。

例 **A**: Jim, I can't find my smartphone. What should I do?
B: **Calm down**, Jane**.** I will look for it with you.
A: ジム，スマートフォンが見当たらないの。どうしよう。
B: ジェーン，落ち着いて。一緒に捜してあげるから。

☑ 004

Can you do me a favor?

お願いしてもいいですか。

例 **A**: Ken, **can you do me a favor?** Can you take the bottle over there?
B: Sure.
A: ケン，お願いしてもいいかな。あそこの瓶を取ってくれる？
B: 分かった。

☑ 005

Can I ask you a question?

質問してもいいですか。

例 **A**: Ms Tanaka, **can I ask you a question?**
B: Sure. Go ahead.
A: 田中先生，質問してもよろしいですか。
B: ええ。どうぞ。

006 Certainly, sir[ma'am]. かしこまりました。

例 **A**: Could you call a taxi for me?
B: **Certainly, sir.**
A: タクシーを呼んでもらえますか。
B: かしこまりました。

007 Come on! さあ頑張れ！, ばかなこと言うな！, お願いだから！

例 **A**: I don't want to go to the party.
B: **Come on!** It should be fun.
A: パーティーには行きたくないな。
B: さあさあ！　きっと楽しいから。

008 Congratulations! おめでとうございます！

例 **A**: Sue, I heard you won the game. **Congratulations!**
B: Thanks, Tom. It was a really tough game.
A: スー，試合に勝ったんだってね。おめでとう！
B: ありがとう，トム。本当に大変な試合だったのよ。

009 Could[Can] you tell me ～? ～を教えてもらえますか。

例 **A**: **Can you tell me** where your house is**?**
B: It's next to XYZ Bank.
A: お宅がどこにあるのか教えてもらえますか。
B: XYZ 銀行の隣です。

010 Do you mind if I ～? ～しても構いませんか。

例 **A**: **Do you mind if I** turn the air-conditioner on**?**
B: No, not at all.
A: エアコンをつけてもいいですか。
B: ええ，どうぞ。

☑ 011

Do you want to *do*?　　　〜しませんか。

例 **A**: Jack, **do you want to** go fishing with me tomorrow**?**
　　B: Sorry, but I have an appointment.
　　A: ジャック，あした一緒に釣りに行かない？
　　B: ごめん，約束があるんだ。

☑ 012

Does that mean ...?　　　それは…ということを意味するのですか。

例 **A**: She's got a new boyfriend.
　　B: **Does that mean** you were dumped**?**
　　A: 彼女に新しい恋人ができたんだ。
　　B: それはつまり君は振られたということ？

☑ 013

Don't worry.　　　心配しないで。

例 **A**: I'm afraid our project will fail.
　　B: **Don't worry**, Bill**.** I'm sure we can make it.
　　A: われわれの計画は失敗するんじゃないだろうか。
　　B: 心配するなよ，ビル。きっとうまくいくよ。

☑ 014

Either will do.　　　どちらでもいいです。

例 **A**: Which shirt do you want to wear, the white one or the black one?
　　B: **Either will do.** You choose first.
　　A: 白いシャツと黒いシャツのどちらを着たい？
　　B: どちらでもいいよ。君が先に選んで。

☑ 015

Give me a hand.　　　手伝ってください。

例 **A**: Carl, could you **give me a hand**? I want to move this big box.
　　B: Okay, I'm coming.
　　A: カール，手を貸してもらえる？　この大きな箱を移動させたいの。
　　B: オーケー，今行くよ。

☑ 016

Go ahead.

先に行って。, どうぞ。, 続け
てください。

例 **A**: Can I eat in this room?
　B: Sure. **Go ahead.**
　A: この部屋で食事をしてもいいですか。
　B: ええ。どうぞ。

☑ 017

Good luck!

幸運を祈ります！

例 **A**: I have a math test tomorrow.
　B: **Good luck!** You'll do fine.
　A: あした数学のテストがあるんだ。
　B: 幸運を祈る！　きっとうまくいくよ。

☑ 018

Guess what!

(話の切り出しで)あのね！

例 **A**: **Guess what!** I got a girlfriend.
　B: Congratulations.
　A: あのさあ！　僕, 彼女ができたんだ。
　B: おめでとう。

会話編

RANK

会話表現

☑ 019

Have a good[nice] day.

(主に店員が客に対し)良い1日
を。

例 **A**: Your pasta was very good.
　B: Thank you. **Have a good day.**
　A: パスタ, とてもおいしかったです。
　B: ありがとうございます。ご機嫌よう。

☑ 020

Here you are.

(人に物を手渡して)はい, どう
ぞ。

例 **A**: I've bought a coffee for you. **Here you are.**
　B: Thanks. It smells good.
　A: コーヒーを買って来たよ。さあ, どうぞ。
　B: ありがとう。いい香りだ。

☑ 021

Hold on (a minute), please.

（少し）待ってください。（電話で）切らずにいてください。

例 **A**: Hi. This is Kevin speaking. Can I speak to Jennifer?

B: Hi, Kevin. **Hold on, please.** She's coming.

A：もしもし。ケビンです。ジェニファーをお願いします。

B：こんにちは，ケビン。切らずに待っていてね。今来るから。

☑ 022

How about 〜 ?

〜はどうですか。

例 **A**: It's nice today. **How about** going to the park**?**

B: That sounds good.

A：今日はいい天気だ。公園に行くのはどう？

B：いいね。

☑ 023

How have you been?

（しばらく会っていない人に対し）お元気ですか。

例 **A**: Hi, Ann. **How have you been?**

B: I've been doing fine, thanks.

A：こんにちは，アン。元気にやってた？

B：うん，元気。おかげさまで。

☑ 024

(How) can[may] I help you?

（店で）いらっしゃいませ。

例 **A**: **How can I help you?**

B: I'm looking for a small smartphone.

A：お伺いいたしましょうか。

B：コンパクトサイズのスマートフォンを探しているんです。

☑ 025

How come ...?

どうして…？

例 **A**: **How come** you didn't invite me**?**

B: Didn't you say you were busy that day?

A：どうして私を誘ってくれなかったの？

B：君はその日は忙しいって言ってなかった？

026

How do you like 〜?

（好き嫌いなどを尋ねて）〜をどう思いますか。

例 **A**: **How do you like** your new house**?**
　B: It's very comfortable, and I like it very much.
　A: 新しい家はどう？
　B: とても快適で，すごく気に入っているよ。

How was 〜?

（感想を聞いて）〜はどうでしたか。

例 **A**: **How was** your trip to Okinawa**?**
　B: It was great.
　A: 沖縄旅行はどうだった？
　B: 素晴らしかったよ。

I agree.

賛成します。

例 **A**: I think we'd better finish this task today.
　B: **I agree.** We should hurry up.
　A: 今日中にこの作業を終わらせた方がいいと思う。
　B: その通り。急いだ方がいいよ。

会話編

RANK

会話表現

029

I can't help it.

私にはどうしようもない。

例 **A**: Why do you look so sleepy?
　B: **I can't help it.** I couldn't sleep because there was a fire near my house last night.
　A: どうしてそんなに眠そうなの？
　B: 仕方ないんだよ。昨晩，家の近くで火事があって眠れなかったんだ。

I guess so.

そうだと思います。

例 **A**: Do you think she will come to our party?
　B: **I guess so.** She said she was looking forward to it.
　A: 彼女はパーティーに来ると思う？
　B: 来ると思うよ。パーティーを楽しみにしているって言ってたから。

031
I have an appointment with 〜 .
〜と会う約束があります。

例 **A**: Why don't we go to the movies this afternoon?
B: I'm sorry, but **I have an appointment with** Mark at four o'clock**.**
A: 今日の午後，映画を見に行かない？
B: ごめん，4 時にマークと会う約束があるんだ。

032
I have no idea.
全く分からない。

例 **A**: This tortoise is very old. How old do you think it is?
B: **I have no idea.**
A: このカメはすごく高齢なんだ。何歳だと思う？
B: 見当もつかないよ。

033
I have to go now.
もう行かなくてはならない。

例 **A**: Sorry, **I have to go now.** Bob is waiting for me.
B: Oh, I see. Say hello to Bob. See you.
A: ごめんね，もう帰らなくちゃ。ボブが待っているから。
B: ああ，なるほど。ボブによろしく。じゃあね。

034
I'd love to.
喜んで。

例 **A**: Do you want to go to a jazz concert with me tomorrow?
B: Sure. **I'd love to.**
A: あした一緒にジャズコンサートに行かない？
B: ええ。ぜひとも。

035
if you like
もしよろしければ

例 **A**: I left my racket at my home.
B: I have two rackets here. You can use one of them, **if you like**.
A: ラケットを家に忘れて来ちゃった。
B: 私，2 本持っているよ。もしよかったら 1 本使ってもいいよ。

☑ 036

I'll be back.

（後で）戻ってきます。

例 **A**: Can I visit you at four today?
B: Sorry, I will be out at that time. But **I'll be back** at five. We can meet then.
A: 今日の 4 時に伺ってもいいですか。
B: ごめんなさい, その時間は出掛けています。でも 5 時に戻ります。その時お会いできますよ。

☑ 037

I'll have 〜 .

（注文時に）〜を下さい。

例 **A**: **I'll have** a cheeseburger and a coffee, please.
B: Sure.
A: チーズバーガーとコーヒーを下さい。
B: かしこまりました。

☑ 038

I'll miss you.

あなたがいなくて寂しくなります。

例 **A**: **I'll miss you** when you move to the U.S. next week.
B: **I'll miss you**, too.
A: 来週, 君がアメリカに引っ越してしまったら寂しくなるよ。
B: 私も寂しくなるわ。

☑ 039

I'm afraid ....

申し訳ないですが…。, 残念ながら…。

例 **A**: Could you tell me the way to the post office?
B: **I'm afraid** I'm a stranger here.
A: 郵便局までの行き方を教えていただけますか。
B: 申し訳ないですが, 私はこの辺の者ではないんです。

☑ 040

I'm full.

満腹です。

例 **A**: Why don't you have some more bread, Greg?
B: No, thanks, Meg. **I'm full** now.
A: グレッグ, パンをもっと食べたら？
B: もういいよ, メグ。もうおなかいっぱい。

☑ 041

I'm having trouble with ～ .

～で困っています。

例 **A**: **I'm having trouble with** my smartphone. I can't send e-mail.

B: Okay. Let me take a look.

A: スマートフォンで困っているんだ。メールを送れないんだよ。

B: 分かった。ちょっと見せてごらん。

☑ 042

I'm home.

ただいま（帰りました）。

例 **A**: **I'm home**, Mom.

B: Hi, Tom. How was school today?

A: お母さん，ただいま。

B: お帰り，トム。今日は学校はどうだった？

☑ 043

I'm just looking.

ただ見ているだけです。

例 **A**: Hello. How can I help you?

B: **I'm just looking.** Thank you.

A: こんにちは。お伺いいたしましょうか。

B: ただ見ているだけなんです。ありがとう。

☑ 044

I'm not sure.

はっきりとは分かりません。

例 **A**: Will he really quit the club?

B: **I'm not sure**, but I heard he has some problems with the coach.

A: 彼は本当にクラブを辞めるの？

B: よく分からないけど，コーチともめているらしいよ。

☑ 045

I'm sorry to hear that.

それはお気の毒に。

例 **A**: I have the flu now.

B: **I'm sorry to hear that.**

A: 今インフルエンザにかかっているんだ。

B: それはお気の毒に。

046

I'm wondering if ....

…かなと思っています。

例 **A**: **I'm wondering if** I can call you tonight.

B: Sure. Any time is okay.

A: 今夜電話させてもらえないかなと思っているのですが。

B: ええ。いつでもどうぞ。

Is it okay[all right] if ...?

…てもいいですか。

例 **A**: **Is it okay if** we have lunch here?

B: Eating is not allowed here. Please use the next room.

A: ここで昼食を取ってもいいですか。

B: ここでの食事は禁止されています。隣の部屋をお使いください。

It's up to you.

あなた次第です。

例 **A**: Where shall we go first?

B: **It's up to you.**

A: まずはどこに行こうか。

B: 君に任せるよ。

Just a minute [moment].

ちょっと待ってください。

例 **A**: Now let's run to the park.

B: **Just a minute.** I'll tighten my shoelaces.

A: さあ，公園まで走って行こう。

B: ちょっと待って。靴のひもを締めるから。

050

Let me know (～).

私に(～を)知らせてください。

例 **A**: I'd like to visit you sometime next week.

B: Okay. When you come, please **let me know** in advance.

A: 来週のいつか，お宅を訪ねたいのだけど。

B: いいですよ。来るときには前もって知らせてください。

会話編

RANK

会話表現

☑ 051

Let me see.

ええと。

例 **A**: Who was in the band?

B: **Let me see.** There was John, Paul, George and Richard.

A: バンドには誰がいたの？

B: ええと。ジョン，ポール，ジョージ，リチャードがいたな。

☑ 052

Long time no see.

久しぶりだね。

例 **A**: Bob, **long time no see.** How have you been lately?

B: I've been fine, Helen. How have you been?

A: ボブ，久しぶり。最近はどうしてるの？

B: 元気にやっているよ，ヘレン。君はどう？

☑ 053

Look out!

気を付けて！，危ない！

例 **A**: Let's go into the cave now.

B: **Look out!** The rocks look slippery.

A: さあ，洞窟に入るぞ。

B: 気を付けて！ 岩が滑りやすそうだから。

☑ 054

May I leave a message?

伝言をお願いしてもよろしいですか。

例 **A**: I'm sorry, but James is out now.

B: Okay. **May I leave a message** for him?

A: ごめんなさい，ジェームズは今外出中なの。

B: 分かりました。彼に伝言をお願いできますか。

☑ 055

May I speak to ～?

(電話で)～をお願いできますか。

例 **A**: Hello. This is Mick. **May I speak to** Sarah, please?

B: Hi, Mick. Sorry, but she is out now. She'll be back at around two.

A: もしもし。ミックですが。サラをお願いできますか。

B: こんにちは，ミック。ごめんね，サラは今外出中なの。2 時頃戻るはずよ。

☑ 056

May I take a message? ご伝言を承りましょうか。

例 **A**: Hello. This is Becky. Can I speak to Yuji?
B: I'm sorry, but he's not here right now. **May I take a message?**
A: もしもし。ベッキーです。ユウジに代わってもらえますか。
B: すみません，今いないんです。伝言を承りましょうか。

☑ 057

My pleasure. どういたしまして。

例 **A**: Thank you for guiding us around the museum.
B: **My pleasure.** I'm looking forward to seeing you again.
A: 博物館内を案内していただき，ありがとうございました。
B: どういたしまして。またお会いできることを楽しみにしています。

☑ 058

Neither do I. (否定的表現を受けて)私も〜ない。

例 **A**: I don't like sashimi.
B: **Neither do I.**
A: 私は刺身が好きではない。
B: 私もです。

☑ 059

No problem. どういたしまして。，構いません。

例 **A**: Thanks for helping me.
B: **No problem.**
A: 手伝ってくれてありがとう。
B: お安いご用だよ。

☑ 060

No way! 嫌だ！，駄目だ！

例 **A**: Can I stay in your room tonight?
B: **No way!** My room is a mess.
A: 今夜，君の部屋に泊まってもいい？
B: 絶対駄目！　部屋の中ぐちゃぐちゃだから。

会話編

RANK

会話表現

☑ 190

Not really. それほどでもないです。

例 **A**: Did you enjoy the movie?
B: **Not really.**
A: 映画は楽しかった？
B: あんまり。

☑ 290

Nothing special. 特に何もないです。

例 **A**: What's up, Dan?
B: **Nothing special.**
A: 最近はどうだい，ダン。
B: これと言って特にないね。

☑ 390

Please feel free to *do*. どうぞ遠慮なく～してください。

例 **A**: Here are various kinds of sweets. **Please feel free to** have anything you like.
B: That sounds great. I'll go for some chocolates and cookies.
A: ここにさまざまなスイーツがあります。どうぞご自由にお好きなものを食べてください。
B: 素晴らしい。私はチョコレートとクッキーをもらおう。

☑ 490

Please help yourself to ～. （食べ物など）を自由にお取りください。

例 **A**: **Please help yourself to** the soup.
B: Thank you.
A: スープはご自由にお召し上がりください。
B: ありがとう。

☑ 590

Please say hello to ～. ～によろしくお伝えください。

例 **A**: **Please say hello to** your parents for me.
B: Sure.
A: ご両親によろしくお伝えください。
B: はい。

066 So what?

だからどうしたと言うの？

例 **A**: I don't think he likes you.
B: **So what?** I don't like him, either.
A: 彼，あなたのこと好きじゃないと思う。
B: だから何なの？　私も彼のこと好きじゃないし。

067 Sure.

いいですよ。，もちろんです。

例 **A**: Eric, can you help me clean the room?
B: **Sure.** What should I do first?
A: エリック，部屋の掃除を手伝ってくれない？
B: いいよ。まずは何をしたらいいかな。

068 Take care.

（親しい相手に対して）さような ら。，じゃあね。

例 **A**: I'll see you tomorrow. Bye.
B: Bye. **Take care.**
A: また明日。さようなら。
B: さようなら。またね。

069 Take it easy.

のんびりやりなさい。，気楽 にやりなさい。

例 **A**: I've been studying all night.
B: **Take it easy**, Mike.
A: 一晩中勉強していたよ。
B: あまり根を詰めないで，マイク。

070 Take your time.

（必要な時間をかけて）急がずにや りなさい。

例 **A**: Should I finish this task today?
B: No. We have plenty of time. **Take your time.**
A: この作業は今日終えるべきですか。
B: いいや。時間はたっぷりあるよ。じっくりやって。

071 **Thanks for *do*ing.** ～してくれてありがとう。

例 **A**: **Thanks for** driving me home, Jane.
B: You're welcome. See you.
A: ジェーン，家まで車で送ってくれてありがとう。
B: どういたしまして。じゃ，またね。

072 **That sounds good [great].** それは良さそうだ。, いいね。

例 **A**: Why don't we go to the coffee shop over there?
B: **That sounds good.**
A: あそこの喫茶店に行ってみない？
B: いいね。

073 **That sounds like fun.** それは楽しそうだ。

例 **A**: Why don't you come to my house and play video games with us?
B: **That sounds like fun.** I'll be there soon.
A: うちに来てみんなでテレビゲームをしないか。
B: 楽しそうだね。すぐ行くよ。

074 **That would be nice [great, fine].** それはいいですね。

例 **A**: Why don't we take a rest here?
B: **That would be nice.**
A: この辺で一休みしよう。
B: それはいいね。

075 **That would help.** それは助かります。

例 **A**: Jim, you can use my smartphone if you need a map.
B: Thanks, Ann. **That would help.**
A: ジム，地図が必要なら私のスマートフォンを使っていいわよ。
B: ありがとう，アン。助かるよ。

☑ 076 That[It] depends.

時と場合による。

例 **A**: Which do you usually have for breakfast, rice or bread?
B: **That depends.** I like both.
A: 朝食にはいつもご飯を食べますか，それともパンを食べますか。
B: その時々だね。どっちも好きだよ。

☑ 077 That's a good idea.

それはいい考えだ。

例 **A**: Let's play music as a band at her birthday party.
B: **That's a good idea.** It should be fun.
A: 彼女の誕生日パーティーでバンド演奏をしよう。
B: いい考えね。きっと楽しいわよ。

☑ 078 That's fine[OK] with me.

私はそれで結構です。

例 **A**: How about visiting a museum after lunch?
B: Sure. **That's fine with me.**
A: お昼を食べたら美術館に行くのはどう？
B: ええ。私はいいですよ。

会話編

RANK

会話表現

☑ 079 That's good to hear.

それは良かった。

例 **A**: I finally found the wallet I lost.
B: **That's good to hear.**
A: なくしていた財布をついに見つけたよ。
B: それは良かったね。

☑ 080 That's none of your business.

あなたには関係のないことだ。

例 **A**: Why did you quit your job?
B: Why do you want to know? **That's none of your business.**
A: なんで仕事を辞めたの？
B: どうしてそんなことを知りたいの？　君には関係ない話だよ。

081 That's[It's] very kind of you.

ご親切にどうもありがとう。

例 A: Shall I carry your bag, Sue?

B: Thanks, Rod. **That's very kind of you.**

A: スー，バッグを持ってあげようか？

B: ありがとう，ロッド。ご親切にどうも。

082 The same to you.

あなたもね。

例 A: Merry Christmas, Tina.

B: **The same to you**, George.

A: メリークリスマス，ティナ。

B: メリークリスマス，ジョージ。

083 This is A speaking.

（電話で名乗って）Aです。

例 A: Hello. **This is** Kenji **speaking.** Is Matt there?

B: Hi, Kenji. This is him. What's up?

A: もしもし。ケンジです。マットはいますか。

B: やあ，ケンジ。僕だよ。何だい？

084 Watch out!

気を付けて！, 危ない！

例 A: Let's cross this road.

B: **Watch out!** There's a car coming.

A: この道路を渡ろう。

B: 危ない！ 車が来ているよ。

085 Watch your step!

足元に気を付けて！

例 A: Let's get off the train.

B: **Watch your step**, Jeff**!** There's a gap between the train and the platform.

A: さあ電車を降りよう。

B: ジェフ，足元に気を付けて！ 電車とホームの間に隙間があるから。

980 Well done! よくやった！

例 **A**: We won the championship in the tournament.
　B: **Well done!** I'm proud of you.
　A: 私たちトーナメントで優勝しました。
　B: よくやった！　君たちを誇りに思うよ。

087 What a shame[pity]! なんて残念なんだ！

例 **A**: I broke my leg, so I can't go skiing with you.
　B: **What a shame!**
　A: 足を骨折して，君たちと一緒にスキーに行けなくなっちゃった。
　B: なんとも残念！

088 What about this one? これはどうですか。

例 **A**: I'm looking for a new folding umbrella.
　B: Well, **what about this one?** It's very light and compact.
　A: 新しい折り畳み傘を探しているのですが。
　B: では，これなどいかがでしょうか。とても軽くてコンパクトですよ。

089 What do you say to doing? ～するのはどうですか。

例 **A**: **What do you say to** hav**ing** dinner with me tonight**?**
　B: I'd love to. I want to go to that Italian restaurant again.
　A: 今夜，僕と一緒に夕食なんてどうかな？
　B: ぜひとも。あのイタリア料理店にもう一度行きたいな。

090 What's the matter? どうしたのですか。

例 **A**: **What's the matter**, Rick**?**
　B: I think I have a fever.
　A: どうしたの，リック？
　B: 熱があるみたいなんだ。

☑ 091

What's up? どうしたの？, 最近はどう？

例 **A**: Hi, Charles. **What's up?**
B: Hi, Jenny. Can you tell me Karen's e-mail address?
A: こんにちはチャールズ。どうしたの？
B: やあジェニー。カレンのメールアドレスを教えてくれない？

☑ 092

What's wrong? どうかしたのですか。

例 **A**: **What's wrong?** You look very tired.
B: My bike is broken, so I ran here.
A: どうしたの？　すごく疲れているみたいだけど。
B: 自転車が壊れちゃって，ここまで走って来たんだ。

☑ 093

Where can I find ～? ～はどこにありますか。

例 **A**: Excuse me, but **where can I find** digital cameras?
B: They are on the second floor, near the elevators.
A: すみません，デジタルカメラはどこにありますか。
B: 2階のエレベーター近くにあります。

☑ 094

Why don't we *do*? （一緒に）～しませんか。

例 **A**: **Why don't we** go to the beach next Sunday?
B: Yes, let's.
A: 今度の日曜日にビーチへ行こうよ。
B: そうしよう。

☑ 095

Why don't you *do*? ～したらどうですか。

例 **A**: It's cold tonight, isn't it?
B: Yes. **Why don't you** come closer to the fireplace?
A: 今夜は寒いね。
B: ええ。もっと暖炉のそばに来たらどう？

096

Would you like ～?　　　～はいかがですか。

例 **A**: **Would you like** some more tea**?**

B: Thank you. I'd love some.

A: 紅茶をもう少しいかがですか。

B: ありがとう。ぜひいただきたいです。

097

Would you mind *doing*?　　　～していただけませんか。

例 **A**: **Would you mind** taking the bag there**?**

B: Of course not.

A: そこのバッグを取っていただけませんか。

B: ええ，いいですよ。

098

You can say that again.　　　全くその通り。

例 **A**: I'm fed up with his ridiculous jokes.

B: **You can say that again.**

A: 彼のくだらない冗談にはうんざり。

B: 本当だね。

099

You can't miss it.　　　すぐ見つかりますよ。

例 **A**: Where is Fred's house?

B: It's just next to Henry's Bookstore. **You can't miss it.**

A: フレッドの家はどこにあるの？

B: ヘンリー書店のすぐ隣だよ。すぐ見つかるよ。

100

You have the wrong number.　　　(電話で)番号をお間違えのようですよ。

例 **A**: Hello. This is Jun speaking. Can I speak to Janet?

B: Excuse me, **you have the wrong number.**

A: もしもし。ジュンですけど。ジャネットはいますか。

B: すみませんが，電話番号をお間違えですよ。

単語編 さくいん

※この本に出てくる見出し語をアルファベット順に配列しています。
※数字は見出し語の掲載順の番号です。

B

C

I
J
K
L
M

M
N
O
P

S
T
U
V

V
W

Y

熟語編 さくいん

H

I

K

L

M

M
N
O
P
R
S

会話編 さくいん

M
N
P
S
T
W
Y

■読者アンケートご協力のお願い

Webから応募できます！

ご協力いただいた方のなかから抽選でギフト券（500円分）をプレゼントさせていただきます。

アンケート番号： 305774

※アンケートは予告なく終了する場合がございます。あらかじめご了承ください。

ランク順 英検準2級英単語1550 新装版
PRODUCTION STAFF

データベース構築・データ監修
赤瀬川史朗（Lago言語研究所）

ブックデザイン
髙橋明香（おかっぱ製作所）

キャラクターイラスト
関谷由香理

イラストレーション
大菅雅晴

編集協力
日本アイアール（株）

制作協力
吉川肇, 高木直子, 渡辺泰葉

英文校正
Christopher Clyne

音声収録
（財）英語教育協議会

組版
（株）四国写研

印刷
（株）リーブルテック

本書は弊社より2018年3月に刊行された
『ランク順英検準2級英単語1550』の新装版です。